原來——著　李久嘉

風水

絕招這樣學

風水顧問長期實驗的強準秘法

序 一

　　我自幼研習易經風水奇門遁甲，早年研習玄空、九星、大卦、八宅、河洛玄機，在陰陽宅方面約有四十年經驗，早期研究風水的時候，有感於巒頭無假理氣無真，經過多年實際應證，發現理氣上有很多理論的謬誤無法實證，各門各派之間相互攻擊，以至於理論之間有相互矛盾的現象，於是花了很多時間在理論的溯源與推理，尤其到了南半球發現磁場、磁極、氣候與星宿跟北半球之間有相當的差異。

　　於是在東帝汶友人的協助下，在東帝汶利用農場的實際流年狀況與驗證，發現有三套理論特別有應驗，而這三套理論主要來自於天文學與地磁學。在實務上古人秘傳的五星守門，以及賴公的人盤消砂，吉凶感應非常明顯，另外「暗倉水法」無論在南半球或是北半球同樣

有效，所以本書將以此三法為主做為介紹，希望供同好分享。

　　至於擇日方面將自己研習運用多年的三光擇日也一併介紹，希望本書可以幫助您獲得實質上的生活改善助益。

　　　　　　　　　　　　　　　　李久嘉　筆

序 二

　　我和李老師結識已逾三十年，我的風水實證知識是偶而跟在他後面看陽宅，他只要下一個指令我就問為什麼要這麼做，加上我自己勤讀群書不斷思考整理，以及我跑遍公司工廠實地驗證而得，從年輕時期上下波動拚奮事業開始，我一直感覺李老師斷事準確，但是發現他使用的方法越來越簡單但是仍無法詳細了解，一方面我沒有拜他為師他不會全部傳授，另一方面我沒有志於此所以沒深究其理。

　　李老師終於動念要寫書，將他從師傅口傳秘傳的絕學公布，這需要下很大的決定，畢竟「教會徒弟，餓死師傅」，以及把勘輿的絕密公諸於世，都涉及到不同層次的現實問題；李老師有此意願，我這個當出版機器人角色的，當然就鼎力相助了。

　　在書寫這些秘傳風水之法的同時，不斷地帶給我一

堆驚喜和逐步清晰的學習之旅，驚喜的是這些理論簡直是簡單到爆，只靠幾個熟知的理論就可以建構這套實務應驗的效果，而學習的是多年來我研讀風水書籍艱深而不可知的地方，都在這一次要提筆撰寫，要繪圖表示，就在筆墨之間大多搞清楚了，接下來就是經過不斷地實證去累積豐厚的勘輿實力。

　　這本書，我的角色就是一位知識整理者，負責把李老師腦中的全般思維，做系統化的整理，加上逐步講解務求讀者能夠完全理解，讓這個絕學能夠透過書本的傳輸而延續幾代的生命，也讓更多人能夠從中學習並應用於自家的環境設計，更甚者，期望有些讀者還可收到速發救貧的效果，則不枉寫此書的初衷。

原來　謹識於板橋

目　錄

第一章

為什麼您需要懂風水

一、為什麼您需要懂風水

（一）自古以來的擇地安居知識系統

風水，在古代就是在大地上選擇適合自己和族人居住所累積的心得，隨著人群越來越多，社會結構漸趨複雜，人們的需求不再只是安全居住而已，還加上了求財、求官等需求，因而後繼大賢不斷地發展而致現在系統龐大的風水大體系。

從最直觀的太陽說起，您一定會挑面向太陽的向南方山坡，應該不會挑長年飽受北風且無日照陰暗的向北面山坡居住，可想而知，哪一處的居民可以健康而且子孫綿延；而先人依賴河水而生，但是卻發現到在右岸的牛羊長得特好，而左岸的牛羊則大多乾瘦，而且人的表現也是有些差異，因而產生了「居右岸」、「江右出英雄」的說法，其實這和地球自轉致使氣流偏向右，也促

使微量元素大多聚到右岸有關。加上河流的彎道，反弓處容易受到沖刷，因而有反弓出逆子，和居住對岸有玉帶環腰的結論。

在山林裡，經年受到強風吹的山頂或向風處植物長得不好，人也受不了；如果選擇在山凹處背後有山，旁邊也有高地可以擋風，這樣的環境不僅植物農作生長順利，就是人身處其中也同感舒適，這些環境居住的心得，就慢慢地形成了一個「藏風聚氣」找地方安身的模式。

在有限的人生時光，其實就是只有幾年，居住的場所可否使身體健康一比較就知道，尤其是古代醫學不發達，居住條件優劣更為明顯，有人世代居住多有長壽，有人沒有幾年就接連重病死亡，這些現象不免引起人們的注意，慢慢地人群就是聚集在適合人居的地方。無論是大地區的部落群居，或是每個家戶健康狀況，經過長年口傳累積的大數據統計，一些心得化為口訣方便傳

誦，風水這個知識系統就是這樣自然而成了。

在遠古時代，和古人每天最親密接觸的星辰，卻是離人類最遠的，夜觀星象是古人的日常，也是知識大量累積的所在；所以曾經有位社會學家說人類的環境認知和知識發展是從最遠的星辰開始，直到晚近才會對自身生活必需產生發明的想法，這些星辰的變化古人應用到人事發展，也依照這些原則發展了風水的理論，因為要形成一套可以傳續後世的說法，必須要有「可以承載操作的物件」，而大自然可以提供的就是山川形勢、星辰運作、太陽月亮位置等，加上五行、方位、天干地支等符號，就可以形構出一套知識系統。

風水，就是這個選擇地點知識系統的通稱，也合乎人類的生存要件，氧氣和清水，風緩緩吹進來屋宅則氧氣充足，附近的水質攸關身體健康，只要「風和水」兩個要件滿足居住的需求就是好屋宅。

所以，風水不是迷信，它是中國古代的環境科學，

所使用的理論架構也是很嚴謹，在依循一定的符號邏輯
所推演的環境配置等安排，尋找一個和諧平衡的地方，
可以讓家人得以安居樂業，身體健康進而長壽，頭腦冷
靜決策正確而事業發達，子孫也繁榮綿延；這一個需求
應該是每一個人所希望達到的，所以不要一聽到「風
水」就覺得是迷信，找尋適合人居的學問，取什麼名字
都可以，期望與做法是完全一樣的。

（二）風水派別的觀看角度

　　中國整個大陸是由五個板塊擠壓而成，這也意味著
至少有五大地理氣候，雖然在太陽月亮熱能磁場，以及
四季更迭冷熱風向等影響之下有一個共同的通則，但是
每個地方的氣流磁場多有不同；加上歷代各先賢依其天
賦與專注自然現象細微變化，因而發展了不同的理論，

這其間有多有校正以前的說法，每次修改與校正就產生一個學派或師門，自此風水理論就以多元面貌呈現。

大自然是多元複雜的系統，人類個體很小且視野有限，很難能夠完整地描述整個大體系的全貌，但是能夠從一個角度做一個系統的解釋也很了不起了，因為所持的觀看角度不同，以及歷代建築風貌大變，以前的三合院直至現在的高樓大廈，風水派別與應對方式就有眾多的說法。

因此，實在不需要為這些說法相互之間可能有相違背之處，而有真偽之辨，或是應驗與否而爭論，因為每個流派理論在某方面都很準，也一定有某些方面蠻準的，甚至沒有應驗，從大自然的角度而言，這是很正常的現象。

綜觀各風水派別，可以先粗分為理氣派和形勢派兩大派系，簡單地說，就是觀看的角度從外象入手，看山川形勢而有心得，所以形勢派就有巒頭派、形象派和刑

法派之分；而理氣派則將所有武術理論都囊括其中，諸如陰陽五行、八卦、河圖洛書、星象神煞、六壬、奇門等，形成了極為複雜的各式理論，從而分別很多派別，如八宅、三合、翻卦、飛星、玄空等眾多派別。

從觀看自然界山川形勢，將山巒的地理型態分為龍、砂、山，依此尋找適合人居住，或是安放祖墳之地以庇蔭子孫，這是巒頭派關注的重點。

形象派則是將山的形狀和形勢看作某一種動物或其他的物體，並據此賦予某種含意與名稱。

刑法派是在形象派的立論基礎上再予以發展，主要是觀察形象和穴場配合的法則，以論斷陽宅或陰宅的吉凶應驗。

八宅派是將坐山配上八個遊星，設定了伏位、天醫、生氣、延年等四個吉星，以及五鬼、絕命、禍害、六煞等四個凶星，根據先天八卦方位，如果配到吉則吉，配凶則凶；再輔以個人生年分為東四命、西四命論

個人在這屋宅的吉凶位置。

　　命理派則是根據屋主命卦中的五行宜忌，再配合二十四坐山方位的五行，和玄空飛星所做的風水佈局，選擇合適的裝飾顏色及室內裝潢等。

　　三合派與二十四山頭派將二十四坐山和住宅配山看其間的五行生剋關係，再配合命理的十二長生理論而論水的來去吉凶。

　　翻卦派主要是用八卦翻出九星，再配合山水走向形勢論吉凶，翻卦有幾種翻法，依據一定的理論和公式做一個系統性的查驗。

　　星宿派是以二十八星宿為主，做一個系統性的整理，其後還分支為奇門派、五行派、金鎖玉觀派、紫微大數派等等。

　　每一個派別的誕生必有其因，同時也有其環境和人文的因素，剛好在當時能夠應驗；但是我們衡諸歷史

大脈絡就可以發現，從穴居、屋宅、大宅院、城市聚集、高樓大廈的建築形式演變，馬車、汽車等交通工具進化，城市街道與山川景觀的改變，能夠用於一時的風水派別在後來的時代就無法操作，或是在使用與解讀上煞費工夫，這還是假設所有的風水派別都是曾經有應驗過，而沒有參偽或後人刻意假造的因素。

加上每位風水師人生幾十載，操作的經驗和應驗心得過程極短，有時候是好運應驗連連，致使覺得已經抓到真知識；有時候卻因為私心而書寫出隱晦難懂的文字刻意不公開，致使後世誤解甚多，有人覺得好用，有人覺得是廢書。

每一個風水派別都覺得自己抓到了真知識，這是值得賀喜的，因為這樣就豐富了我們人類文明，特別是在擇地安居這件大事之上；筆者（李久嘉）從事風水顧問幾十年，大多數的風水派別多學習和操作過，甚至為了要檢視古書的方法，特地在東帝汶開闢一個農場做實

驗，從一個荒地到生氣勃發的福地，這其間有很多地方應證到古書所言，當然，有些地方也有校正。

再加以這幾十年來看陽宅的應驗心得，使用多種派別的方法得到不同的回饋，本書就舉出筆者這幾十年來認為應驗最多的三個理論分享，希望能夠嘉惠讀者，改善生活。

（三）風水有可能改善您的生活能量

我們身處於這個大自然環境當中，無論您身處何處，每天一定要感受到太陽的熱能，月亮的引力，風吹送速度強弱，飲水的水質；就是待在屋內，也會感受到太陽日照的多寡，外面氧氣進屋內的速度，濕氣和廁所臭味的排除，格局和聲音共鳴的和諧度，以及外在的環境帶給您的整體感受，身處在市場內、公園旁、大湖邊、

資源回收場附近、農田漁場、山丘上，您的感受一定不一樣，相對地，當地的地形地貌和風勢水質對您的影響必然不同。

從這個大方向來看，我們所謂的「風水」就是在觀察您住的地方，是否合乎居住的條件，會不會有所謂的「煞氣」影響您和您家人的健康或運勢，從積極面來思考，或許可以找到可以藉由大自然蓬勃向上的好氣，進而改善或提升您的健康或運程。

無論在哪一個時代，哪一個國家，哪一個地點，您當然都要關心風水，這個學問自始以來就是在尋找適合居住的環境，從最原始的只要求生存的擇地，進而有求財求官的念想，從而發展眾多理論想要找出有效的方法，在大方向來看是朝正向發展的，就是讓您的生活品質更好。

那麼，風水有沒有可能改善您的生活品質？不能說絕對可以，但是應該是朝正向前進的，因為每一個風

水派別都有自己嚴謹的理論基礎，都各有所本，按照這樣的系統架構所推演的建議，大體上都會將您居家的動線，裝潢配置規劃得順暢而有條理，有這樣的知識系統為何不用呢？

所以，依照兩位筆者多年來的觀察，無論您相不相信風水，這個環境都在影響您的壽數、財運、健康、事業，以及人際關係，有些人嘴巴說不信，但是觀其住宅形勢卻可以論斷他目前的婚姻狀況或是存錢多少，因為一個人長期住在一個地方已經受到當地環境和屋宅格局的影響甚深，這不是您個人信不信的問題，而是確實存在的自然現象。

或有一說，您就請當今排名富豪排行榜的有錢人，安排他們住在煞氣很重的不良屋宅，實驗看看他們會不會仍然保有目前的榮景；當然，沒有一位有錢人敢做這樣的實驗，因為犯不著。但是就實務來看，這些煞氣很重的屋宅並沒有住著好運的人，而是厄運接連不斷的可

憐人呢。

　　所以，多花一些心思，利用風水的理論，無論是哪一個理論，只要您覺得上手或是容易理解的理論都可以，針對您住的屋宅周圍環境、坐向、通風、採光、內部格局動線等做一番的檢視與調整，讓您的生活空間更為舒適順暢，姑且不論會不會招來好運，最起碼，您的生活品質是提升了。

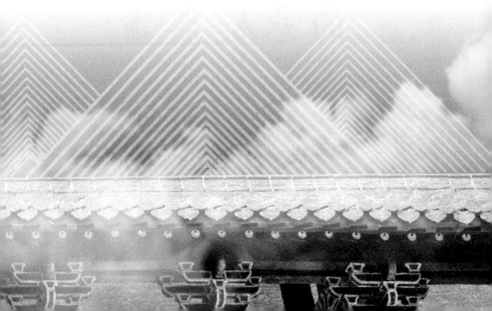

第二章

星體天文和羅經結構的基礎理論

二、星體天文和羅經結構的基礎理論

（一）天文與五星

　　古人仰觀於天，透過每天對於太陽、月亮、各星辰位置的紀錄，成就了完整的天文圖，宋朝的天文圖，就是羅盤的原型；相反地，混天儀剛好就是將古人觀天象的大平面轉換為立體的結構；再反過來說，羅盤就是壓扁的混天儀，將天象星辰壓扁投影到地上而成就一個羅盤。

　　天人合一，這個大家都熟知的觀念，在風水也是這樣的展現，古人夜觀天象星辰，要畫出天體圖是很容易的事，隨著地球自轉與傾斜而造成的四季運行，天象星辰每天正以有規律的方式進行著，而羅盤的二十八星宿正是天體的有序對應。一個羅盤，就把天地人串接在一起，反過來說，羅盤的二十八星宿就是反映天體運行，

並且利用這樣的規律研判地理人事。

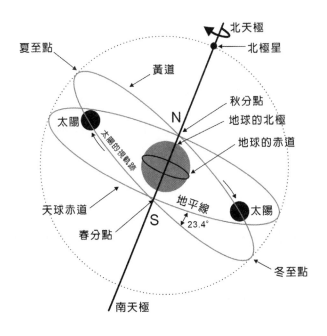

從地面觀察天象，再俯察地理的依據，一個是亙古不變的星辰，古人認為都不變的就是以北極星為中心輻射出來的星體，這就是從經線去判斷的星體，叫做經星。

另外一個就是橫跨這個順着這個太陽的軌跡運行

的，這幾顆星，叫做緯星。

在天象中有五顆只要肉眼即可見的行星，金星、木星、火星都是在夜空中最亮的天狼星恆星還要亮，水星和土星也是比一等星還要亮，早在先秦時期，這五星的名稱是歲星（木星）、熒惑（火星）、鎮星或填星（土星）、太白（金星）和辰星（水星）。

歲星（木星）自西向東在恆星間移行，十二年繞行一周天，當時一周天分為十二年（次），就以歲星每年的位置紀歲；熒惑（火星）的光度變化很大，運行的型態錯綜複雜，足以惑人而得名；鎮星或填星（土星）大約運行 28 年就繞行一周天，大致上和 28 星宿的數目相同，就象徵為每年輪值坐鎮或填充 28 星宿的意義；太白（金星）光耀奪目，是眾星當中最白的；而辰星（水星）距離太陽最近，從地球的角度看過去，好像水星總是在太陽兩邊擺動，離太陽的距離不會超過 30 度。

所以，我們可以推知，這些星的定名，應該在十二次、十二辰、二十八星宿的形成是同一個年代，大約在春秋戰國時期。後來五行學說盛行，遂將木、火、土、金、水五元素，分別配在五星之上，形成了我們現在週知的行星名稱，也配入五行理論之中。

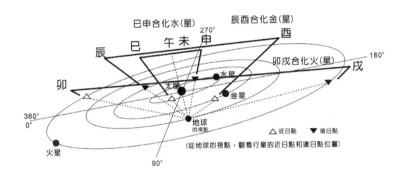

（從地球的視點，觀看行星的近日點和遠日點位圖）

　　在太陽系的行星觀察，古人發現到各個重要行星的近日點和遠日點，而這些行星所落的位置剛好就分別落於各宮位，當正對太陽是「午」位，而午位的旁邊「未」位被視為太陰，感覺上有一股背後的力量和太陽一樣大，也可以說是月亮，因為月亮永遠不會到太陽的對面；

根據 James Trefil(2019)《國家地理圖解太空》乙書所繪製的內行星資料，最靠近太陽的行星是水星，水星的近日點位於「巳」位，遠日點位於「申」位，所以就定為「巳申合化水」；距離太陽第二遠的是金星，金星的近日點位於「酉」位，遠日點位於「辰」位，所以就定為「辰酉合化金」；而以地球的視角來看，火星的近日點位於「卯」位，遠日點位於「戌」位，所以就定為「卯戌合化火」，這是內行星的繞日規律。

　　前方的太陽是午位，所以後方是子位，在天空上就畫出了一條想像的子午線，分為十二個位置，從北方往東方行走到太陽正午南方位置，子丑寅卯辰巳午，從太陽位置往西走回北方，午未申酉戌亥。越靠近太陽的行星，繞行大多是偏向南方，所以水星、金星在地球的視角來看就是繞在午位附近，辰巳申酉位置，所以是巳申一對屬於水星，辰酉一對屬於金星。

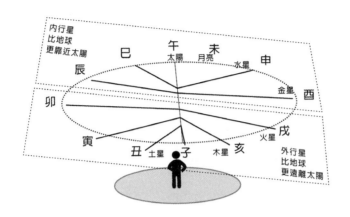

　　繞行太陽的軌道比地球還大的行星，其近日點和遠日點就會慢慢地傾向北方，所以火星繞行的圈比地球大一點，就落在東西兩方，卯戌位置屬於火星。再往外更遠一點的是木星的繞行軌道，其近日點和遠日點就落在「寅」和「亥」位，所以就定為「寅亥合化木」；而古人可以看到的土星是更遠離太陽，幾乎就在面對太陽的身後北方，其近日點和遠日點落在「子」和「丑」位，所以定為「子丑合化土」，而北極星就位於北方，和土星的位置極為接近，所以土星的位置又稱為「都天位」。

在觀察的時候，太陽運行的軌道俗稱黃道面，在黃道面上比較常見的星體，就是日月木火土金水。

根據黃道面上這七大星體的運行，它們重疊在經度上面的位置，古人發現了六合五行。

正如上圖一般，子丑合土，子，丑，這個宮位上面是屬於土星運行軌道的範圍。

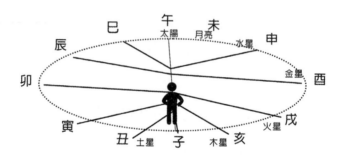

寅亥合木，寅宮和亥宮屬於這個木星軌道的範圍。

卯戌合火，卯宮和戌宮是屬於火星運行的兩端。

辰酉合金，辰宮和酉宮是屬於金星的範圍。

巳申合水，巳宮和申宮是水星的軌跡。

午宮是太陽所在的宮位，未宮是太陰所在的宮位。

千百萬年來，這些星體的運行，就會產生一定的能量，而且是在這些宮位所能感應到，所以當您位於子或是丑這個宮位，您就可以感受到土星的能量；坐落於寅宮或亥宮，就會有木星的能量。

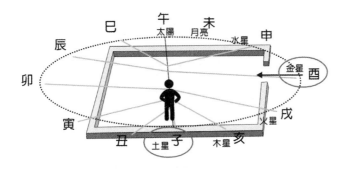

古人透過長期的觀察發現，您的坐方所處的方位，就擁有您背後這個星體的能量，所以稱為星守命，就是守住您命門的意思。例如您坐北朝南，就是坐子向午，這時候，您背後的子位就擁有土星的能量。

同理，在您住的房子裡面，依據您開門的位置，不同的門，它會引入不同的星體能量。

以您的辦公桌的坐向是坐子向午，子宮屬土，所以您本身帶有屬於土星的能量，而您的門開在酉位，所以從酉位這邊引進金星的能量，這就是金星守門，土星守命。

所謂的七政五行，說白話就是日月木火土金水這七個星體，各分配到五行；所謂的六合五行，就是六個組合或軌道，各分配到五行。日在午宮太陽化氣為火，月在未宮太陰化氣為水。

子丑屬土，寅亥屬木，卯戌屬火，辰酉屬金，巳申屬水，午火，未水。

以七政相生為例：

木（寅亥）生火（卯戌午）

火（卯戌午）生土（子丑）

土（子丑）生金（辰酉）

金（辰酉）生水（巳申未）

水（巳申未）生木（寅亥）

（二）羅經二十四山排列與使用

先人精心排列的羅經二十四山，其天干地支的排列緣由和理論依據，簡述如下。

所謂「先天為體，後天為用」，羅經以後天八卦為人事應用，配合十天干、十二地支，按其方位配置，而當十二地支以月令依序安置後，有四個卦和地支重疊，那就是東方的震卦（和卯重疊），南方的離卦（和午重疊），西方的兌卦（和酉重疊），北方的坎卦（和子重疊），為了十二地支的完整性，震離兌坎四個卦就直接拿掉。

而後天八卦的立向立位的依據，就是根據《易經》

「說卦傳」曰：「帝出乎震，齊乎巽，相見乎離，致役乎坤，說言乎兌，戰乎乾，勞乎坎，成言乎艮。萬物出乎震，震東方也。齊乎巽，巽東南也，齊也者、言萬物之絜齊也。離也者、明也，萬物皆相見，南方之卦也。聖人南面而聽天下，嚮明而治，蓋取諸此也。坤也者、地也，萬物皆致養焉，故曰：致役乎坤。兌、正秋也，萬物之所說也，故曰：說言乎兌。戰乎乾，乾、西北之卦也，言陰陽相薄也。坎者、水也，正北方之卦也，勞卦也，萬物之所歸也，故曰：勞乎坎。艮、東北之卦也。萬物之所成終而所成始也。故曰：成言乎艮。」

所以，震卦東方，巽卦東南方，離卦南方，坤卦西南方，兌卦西方，乾卦西北方，坎卦北方，艮卦東北方，後天八卦就應用到羅經上面；由於東西南北已經有四個地支佔位，所以震離兌坎四個卦就不放置。

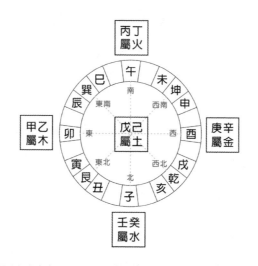

　　剩下的就配以天干五行屬性與位置，甲乙屬木在東方，丙丁屬火在南方，戊己屬土在中央，庚辛屬金在西方，壬癸屬水在北方。按照天干的順序順行排列。

　　這樣就成就了二十四山，每一個後天八卦各管三個山，但是這三個山並不是同一個五行的屬性，必須依照使用的理論依據而有不同的五行生剋關係。

　　一圓周有 360 度，分為 24 等份，24 山，一坐山一等份為 15 度，所以面對的砂，也至少要有 15 度的寬度或高度，才可以算是會影響這個屋宅的砂。

　　由於地球磁場，天星照應，月光反射，空氣可能也會造成折射現象，古代名師依其天賦異稟和敏銳的觀察力，輔以歷代的天文統計和人事應驗，發展了三種盤

面。

「羅經」就是星羅棋布在經線上,所以稱為羅經,一般也稱為羅盤。

這個二十四山的配置呈現了一種天、地、人各能量均衡分佈的巧妙配置,就好像是天地人三才合一的最佳展現,因為有八卦,十天干扣掉戊己不排,因為戊己屬土而土無方,有八天干;十二地支扣掉子午卯酉和震離兌坎重疊共用,有八個地支另外排列,這個均衡的配置似乎標示了八卦屬於天的能量,天干屬於人的能量,地支屬於地的能量,而呈現了天地人能量均衡配置圖像。

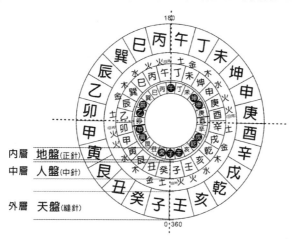

羅經分為三盤：

1. 地盤正針，在最內層，就是二十四山的正位。

   子位的中間從 0 度開始，午位的中間就是 180 度，這個子午線就是地球磁極子午線，這就是二十四山的正位，所以這個子午線位於正中央，稱為「正針」，一般拿來做格龍、立向之用。

2. 人盤中針，在中間這一層，比地盤正針後半位。

   人盤和地盤相比，子位右偏 7.5 度，就是移了半格，一格有 15 度，地盤的子午線就在人盤的子、癸和午、丁之間，稱為「中針」，用來做撥砂之用。

3. 天盤縫針，在最外層，比地盤正針先半位。

   天盤和地盤相比，子位左偏 7.5 度，地盤的子午線就在天盤的壬、子和午、丙之間，稱為「縫針」，這是由太陽光影所確定，用來做為納水之用。

（三）三盤的各坐山五行屬性

　　中間的人盤做撥砂使用，在人盤上分為四象，每一個象各有六個坐山，依七政五行依序排列：日月(火)、火、水、木、金、土；在一般羅盤會標示出來，在二十四山文字的旁邊寫上一個小字，日月分開寫，四個局共有兩組，分別是日火水木金土，月火水木金土，這是給風水師的小抄，就不必記誦，一眼即知。這個規律可以讓熟練的風水師，在手上沒有羅盤，只有指南針的情況下，確定四方的定位之後，以手指拿起面向前方，利用巧妙分開的五指，大致上分出火火水木金土的位置，確定目標物的五行屬性。

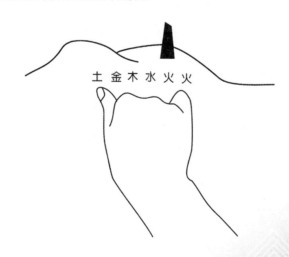

　　至於為什麼是以日月火水木金土的順序排列，在此略作解釋，古人將二十八個星座的五行性質歸納為七大類，稱為七政，將這七類以逆時針方向排序。

而二十八個星座的五行如下：

角奎井斗屬木星，軫壁箕參水神名，

氐女胃柳是土位，亢牛鬼婁金五行。

翼室觜尾火最旺，四月四日火不停，房虛昴星四君火，張心危畢相火臨。

各星座的五行屬性如下：

星宿為日、張宿為月、翼宿屬火、軫宿屬水、角宿屬木、亢宿屬金、氐宿屬土；

房宿為日、心宿為月、尾宿屬火、箕宿屬水、斗宿屬木、牛宿屬金、女宿屬土；

虛宿為日、危宿為月、室宿屬火、壁宿屬水、奎宿屬木、婁宿屬金、胃宿屬土；

昂宿為日、畢宿為月、觜宿屬火、參宿屬水、

井宿屬木、鬼宿屬金、柳宿屬土；

羅經二十四山要歸入二十八個星座，就將日月放在同一坐山，就形成了(日月)火、火，水、木、金、土，以六個坐山為一組，四組共二十四坐山的排列。

相關的古籍描述如下：

中國古代七曜乙詞，起源於先秦時代的天文占星學，又稱七政；漢朝的數學家劉洪著作七曜術講述天文算學，《後漢書志二律歷》：「正月甲子朔旦冬至，七曜之起，始於牛初。」；東晉范甯的《春秋穀梁傳序》：「陰陽為之愆度，七曜爲之盈縮。」楊士勳疏：「謂之七曜者，日月五星皆照天下，故謂之曜。」五星指火、水、木、金、土。

印度佛經《宿曜曆經‧ 七曜直日曆品第八》：

「夫七曜者，所謂日月五星，下直人間。一日一易，

七日周而復始。……

故今列諸國人呼七曜如後：

日曜太陽，胡名蜜（康居語：Mir），波斯名曜森勿，天竺名阿儞（泥以反）底耶（二合）。

月曜太陰，胡名莫（康居語：Maq），波斯名婁禍森勿，天竺名蘇上摩。

火曜熒惑，胡名雲漢（康居語：Wnqan），波斯名勢森勿，天竺名糞盎聲哦囉迦盎。

水曜辰星，胡名咥（丁逸反，康居語：Tir），波斯名掣森勿，天竺名部（引）陀。

木曜　星，胡名鶻勿（康居語：Wrmzt），波斯名本森勿，天竺名勿哩訶娑跛底（丁以反）。

金曜太白，胡名那歇（康居語：Naqit），波斯名數森勿，天竺名戍羯羅。

土曜鎮星，胡名枳院（康居語：Kewan），波斯名

翕森勿，天竺名睒乃以室折囉。

右件七曜，上運行於天，下直於人間。其精靈神驗、內外典籍，具備自南西北三方諸國。」

這個七曜的概念在中國唐朝時期獲得發展，將 7 日結合七曜謂之曜日，其後再傳入日本，形成了日本的七政星期名稱：

星期日 (日曜日)、星期一 (月曜日)、星期二 (火曜日)、星期三 (水曜日)、星期四 (木曜日)、星期五 (金曜日)、星期六 (土曜日)。

接下來說明內層的地盤。

內層的地盤，有黑色圓圈反白色文字，這是屬於陽的方位，而白底黑字代表陰，反映了賴布衣「淨陰淨陽」的說法，在羅盤的圖面上做這樣的記號，等於是給風水師的小抄，不需要查閱與計算了。

以上三種盤，地盤、人盤、天盤的各個山的屬性表

如下：

坐山	地盤正針	人盤中針	天盤縫針
子、午	水、火	火、火	土、火
癸、丁	水、火	土、土	土、水
丑、未	土、土	金、金	土、水
艮、坤	土、土	木、木	木、水
寅、申	木、金	水、水	木、水
甲、庚	木、金	火、火	火、金
卯、酉	木、金	火、火	火、金
乙、辛	木、金	土、土	金、火
辰、戌	土、土	金、金	金、火
巽、乾	木、金	木、木	水、木
巳、亥	火、水	水、水	水、木
丙、壬	火、水	火、火	火、土

至於「地盤」各座山的五行，就是依照一般對於天干、地支、八卦的五行屬性去編列。

　　在地盤的天干：甲（木）、乙（木）、丙（火）、丁（火）、庚（金）、辛（金）、壬（水）、癸（水）。

　　在地盤的地支：子（水）、丑（土）、寅（木）、卯（木）、辰（土）、巳（火）、午（火）、未（土）、申（金）、酉（金）、戌（土）、亥（水）。

　　在地盤的八卦：乾（金）、巽（木）、艮（土）、坤（土）。

　　至於「天盤」各坐山的五行，就要詳細解說了。

　　因為是天盤，就按照天星的五行屬性定之，正如本章前面所提的，午屬於火，是太陽火；未屬於水，是月亮水，這兩個屬性太陽火和月亮水，和一般五行的火和水不一樣，但是都是火和水，所以生剋情況相同。

　　巳和申是水星水，辰和酉是金星金，卯和戌是火星火，寅和亥是木星木，丑和水是土星土。

　　在 0 度和 360 度的點就是地盤子山的中央，也是天盤壬山和子山的中間，因為天盤和地盤有偏移 7.5 度，所以用地盤坐山來看，就會剛好在天盤兩個坐山的中間，這等於是說地盤一個宮位涵蓋了天盤的兩個坐山，五行屬性相同。

　　地盤「子」涵蓋天盤「壬、子」，屬於土；

　　地盤「丑」涵蓋天盤「癸、丑」，屬於土；

　　地盤「寅」涵蓋天盤「艮、寅」，屬於木；

　　地盤「卯」涵蓋天盤「甲、卯」，屬於火；

　　地盤「辰」涵蓋天盤「乙、辰」，屬於金；

　　地盤「巳」涵蓋天盤「巽、巳」，屬於水；

　　地盤「午」涵蓋天盤「丙、午」，屬於火，太陽火；

　　地盤「未」涵蓋天盤「丁、未」，屬於水，月亮水；

　　地盤「申」涵蓋天盤「坤、申」，屬於水；

　　地盤「酉」涵蓋天盤「庚、酉」，屬於金；

　　地盤「戌」涵蓋天盤「辛、戌」，屬於火；

地盤「亥」涵蓋天盤「乾、亥」，屬於木。

所以，使用天盤的時候，坐子向午，就是土山火向；坐艮向坤，就是木山水向；坐辰向戌，就是金山火向。

由於天星雖然運行於太陽系，對於我們只是一個天文星點，但是星體的運行依靠強烈的引力波牽引，甚至超遠的銀河中心也「控制」了太陽系，所以星體的運行、對地球的位置與角度、各星體相互引力結構等，作用在地球上都會有一些影響力，甚至對於人事變化可能會產生運勢波段的差異性，關於影響地球最大的七政，就是太陽、月亮、木星、土星、火星、金星，水星，古天文學家吳師青大師所著的「中國七政四餘星圖析義」上卷，就有精闢的描述說明，雖然該書論七政專以命理為主，但天文、風水、命理所持的依據源頭相同，可以領略而神會其中。以下分享吳師青大師論述，希望能對您有幫助。

另，在吳師青大師所提的七政之後，也補述鐘義明

先生所著「天星擇日實務」乙書所提示的七政作用與性情，以「鐘註」列於各星之後，讓您擁有更完整的七政概念。

論七政

　　七政者，日、月、木、火、土、金、水是也。粵稽古訓堯典曰，曆象日月星辰，敬授人時。舜典曰，載璿璣玉衡，以齊七政，乃古聖王授時齊政之大經也。降及後世，政餘曆書，未免蕪雜，星辰歲差，又非準確，循是以往，積習相沿，固非淺學者，所能推測，雖有績學之士，亦無所據而從事切實研究也。

　　凡天之所覆，地之所載，皆為星之所燭而曜之所經也。順其軌，則祥風以轉而和以至，逆其度則乖氣以召而異以生，大則關國家君臣治亂之興衰，小則係寰宇黎

庶成敗之重輕，為福為禍，分別論次於左。

日

　　日者，太陽也，君父之象，光被萬彙，爛幽徹遠，非空間時間所能局限，用諸星而不為諸星所用，其環拱之勢，凡星居列於日之前後者，曰「內夾」，居列於日之最前最後者，曰「外輔」，與日近在一度至十五度內者，謂之「密」，自十五度至二十度外者，謂之「疏」，眾星密集，獨一星在遠者，謂之「特」，羅計間隔，一星朝日者，謂之「間」，二星共在一度輔日者，謂之「疊」，一二星近密者，謂之「聚」，此其大較也。

　　昔人有歌云：「疏中外輔密中密，不中密兮即中日，眾密出特特上取，特不如間陞階明，疏密只就日邊說，數者又不如一疊，疊日疊輔皆登第，經緯連處可登雲，聚處逢之魁南北，遇日須遇日度數，日度亦是度末年」，其中所言，雖就以往科第與日之關係推斷，然由其意推而廣之，生今之世，酌古之道，其言同為可驗。嘗見命

主及吉星夾輔太陽者，倘非為政治上之領導人物，亦必居高位而負重大之任務。其行至日度，或由外內擢，居於要津，或由局部轉綜全局，權力益大，如響斯應，比比皆是。若與日氣不通，縱使吉曜有情，仍將浮沉於原有局面中，雖不失其休暢，究未躋於通顯。更有資深倚重之能員，一爻木度，其象蔽陽，必主眷顧就衰，如非卸職，定見調放，即使限度果利，亦須得太陽照臨，或流太陽冲釣大限之月，始能有獲。若傷煞在日前後，及與日有關會，即難以謀發展，求而不得，意緒消沉，求而得之，恐終賈禍。如命主是金，火羅拱夾日剋金，或火羅同緯日，係春夏生人，遇日度必死。命主是火，水孛輔日剋火，雖係春令生人，遇日度亦死。餘倣此。

　　鐘註：日，別名太陽金烏，為天之君，為諸吉之首，善用之，能發貴、富、解諸凶犯，壓諸惡曜。其德至剛、其體至健。晶光蓋照，恩德最大。

月

　　月到中秋，分外光明，凡在上弦以迄於望，謂之得
令有權。在下弦則光短而力薄，在廿七至初二，畢竟無
光。若與陽合朔之前後七八度內生人，以月為命主，大
率不永。倘月躔土而遇土計掩蝕，或土計躔月度，則自
其母以及其身，皆主不利。月食時必與太陽正對，如遇
月與對度同道，則日光隔於地球，乃月暗而無光也，如
以月作命主，主大凶。即有吉星輔之，亦不吉。惟有凶
星，則反不害耳。

　　鐘註：月，別名太陰玉兔，為天之后，能降伏諸惡
煞。善用之，能催福、速發財富。其德至柔、其體至順。
光華蓋照，可脫刑病禍患。

五星

木星生孟春，最喜朝陽，謂向陽花木。三冬若居午位，名曰南枝向暖，躔四月度，清而合格，為身命主，必主才高。秋木逢陽，凋零何補。寒木無火，作用不成。

鐘註：木，別名歲星，性溫和熱潤，仁壽之星也。星光照臨，天星地煞悉能制伏。吉則福德文顯，凶則生災咎。

木星又名：應星、紀星、經星、重華、攝提。

木星為歲星，在古代天文學上，受重視程度很高，不僅用來進行紀年，而且人們普遍認為它代表吉祥。歲星所在，國泰民安，五穀豐登，否則反之。

古天文學家認為歲星所在有福，所以人們多稱歲星為福星，如李商隱《北齊歌》：東有青龍西白虎，中含福星包世度。

火星為文人喜宿，躔四日度為掩陽，夜生反佳。最忌者，晝生血光，夜生火症，行限為仇難，當防火災。

亢為火迫金龍。昂為火燒牛角。

鐘註：火，別名熒惑，性極熱燥，用之吉，能伏凶曜、健身、催丁；用之凶，則招疾病、火災、死亡、凶禍。

火星在古天文的占星術中，從來都是顆不詳的星。古天文學家認為熒惑是「天官」中的執法之官，當天下無道時，它便出現在某國上空的星次，即宣佈了該國將有災禍降臨。

在先秦古籍中，談到天象時所說的「火」，有時並非火星，而是恒星二十八宿中東方七宿中的心宿，古稱火，又稱大火。例如《詩經‧七月》「七月流火，九月授衣。」

土星冬月，大忌躔水。書曰：土愛煖而不耐寒，躔四日，在冬令為一陽解凍，大忌計奴，分行不妨。居巳宮非軫水不忌，辰宮居軫不安，申宮非參與畢十六度不忌。旺於四季，相於夏，休於秋，囚於春，而寒於冬。

鐘註：土，別名鎮星填星，性微寒。用之吉、凶，大抵與火星相同；吉則出入溫厚興隆，凶則生瘟疽黃腫。

土星又名：鎮星、地候。

古天文學認為「鎮星主德」，是顆吉祥的星。《史記・天官書》「其所局，五星皆從而聚於一舍，其下之國，可重致天下。禮、德、義、殺、刑盡失，而填星乃為之動搖。」大意為「如果某個國家的道德盡失，則填星也就為之動搖，不在降幅于該國。」

金星太白乃丁火所化，在乾為長庚，在震為啓明，煞金為刃休逢，相於四季，墓於季冬，旺於秋，休於冬，囚於夏，躔尾火，冬令反佳。忌水洩氣，金喜其伏逆。

鐘註：金，別名太白長庚，性清寒堅潤，用之吉，能伏凶煞，發福無比，凶則生巨殃。

《史記・天官書》：「太白者，西方之精，白帝之子，上公將軍之象也」。

金星又名：明星、啟明、長庚、太白金星。

金星，在我國古代多被稱作明星或者太白金星。由於總是在黎明時刻出現在東方，又名啟明星；黃昏時分，在西方落幕，又名長庚星。

水星坐巳申為入局，氣象軒昂，蓋水乃智慧之宿，躔日度為朝陽，月度為相和。

鐘註：水，別名辰星，性無定，遇寒、熱、潤、燥之宮，則得寒、熱、潤、燥之性。用之吉，能伏凶煞、發科甲、得禎祥，失用，則福輕、有災。

水星又名：兔星、鉤星、爨星、能星、安周星、細極、伺祠、小正、細爽。

在先秦古籍中，談到天象時所說的「水」，有時並不是指行星中的水星，而是指恒星二十八宿中北方七宿中的室宿，室又名水。例如《左傳 · 莊公二十九年》：「水昏正而載，日至而畢。」

　　五星，臣象也。即遲留伏逆，遠於日則見，譬之王者出，諸臣或趨避，或俯伏，王者遠去，諸臣即逞顏色，怡怡如也。吉以此分忌喜，凶亦以此分喜忌。但吉星與命主在陽前，又喜其逆，逆則其氣轉親。在陽後又忌其逆，逆則其氣轉疏。凶星反是。耶律楚材云：「難逆用伏，凶災不能解救。文伏魁逆，吉祥又難並臻。主伏不顯，倘逢難亦可斷吉。恩逆不祥，倘生主未可談凶。」誠哉是言。至于春木得時，一望亦當適情，冬火失令，已過始能怡神，亦自然之理也。

歷代師傅口傳祕法

三、歷代師傅口傳祕法

　　本章所提的五星守門、天星照臨和暗倉水法，在各
書籍或網路大多搜尋不到，原因是這三者都是風水師的
師徒口傳秘傳，一方面是理論結構太簡單，外傳出去反
而會質疑風水師的專業；另一方面是應驗很強，如果大
家都會就不會找風水師了。同時，俗語教會徒弟餓死師
傅，風水師要找到對的徒弟才會口傳秘訣，因此在這長
期的口傳秘傳的封閉式過程，這三個簡單堪輿方法就不
會散見於一般風水書籍。

（一）五星守門（使用天盤量度）

　　這是師徒口授相傳的祕法，七政五星守門，據說是

古人在歷代戰亂中築城建堡的過程發現的，對照在修復被敵軍攻破的城牆的位置和指揮官所處的位置相對應，應用星體能量守門守命和五行相生相剋的原理所發現出來的一個簡單的邏輯規則。

在城牆裡面，指揮官所座落的位置背後就是該星體的能量守著命門，而所對應的城門就是該星體的守門。古人發現，容易被攻破的城門，城牆容易崩塌、被洪水或地基掏空的位置，通常都是指揮官所座落位置命門的煞方，就是相剋的位置。

古人在這個研究城池攻防的過程中發現，如果指揮中樞的命門剋方有堅挺高起的山頭，這樣的城池最不利於防守，這就是剋煞。

這兩股命門和守門的力量，只要是相生或相同就是好的，相剋則不佳，無論是命門剋守門或是守門剋命門都不好，最差的就是守門剋命門。

將五星守門的長期觀察所得應用到陽宅風水，一個

房子的指揮中樞就是神位，也是這個房子的命門，將神位的坐山量測出來，再從神位去量測這個房子經常進出的門，就是守門。

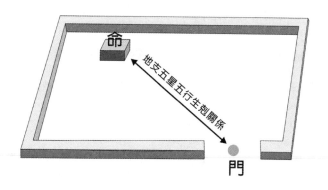

由於天行五星的觀察是使用地支分類，因而歸納為子丑屬土，寅亥屬木，卯戌屬火，辰酉屬金，巳申屬水，午太陽火，未太陰水；這樣就有相生相剋的關係，其生剋的優劣共有三大類如下：

相生有兩種，守命水生守門木是向外發展的生旺，因為整個氣是向外生長的；反之，守門水生守命木是向內收納的生旺，既然是向內輕鬆收取利益，當然是最好的生旺。

如果守命和守門都是同一五行，都是火，都是土，這就是比旺。

　　如果是相剋的關係，基本上都是耗能耗財的剋煞，守命水剋守門火，剋的力量是往外，必須出外打戰，耗費能量，也有損失；反之，守門土剋守命水，剋的力量從外面入侵至屋內，等於是盜賊直接入屋搶奪物資，所以這是最不好的剋煞。

　　在一個空間，以您最重要的位置為主，可能您是以神位為主，或是您的辦公桌是最重要的生財工具，那麼神桌或辦公桌所處位置的坐山就是您的守命，再從您的守命地支位置對應到出入的守門，量出守門的地支位置，這兩者的相生相剋關係就顯現出來了。

　　如果以一個房間裡面的辦公桌守命和出入的守門相剋，無論是剋出或是剋入，就是工作上會比較勞累，而且最終結果是以失敗做終。

　　這個五星守門的運用屬於長期效應，不是短暫的應

驗，基於一般人找風水師都想要求快速應驗，所以久而久之就被風水師忽略不用，但是從長期來看，五星守門是一個長治久安的一種佈局方式。

　　但是，這也是讓一般人可以快速使用的方便方法，特別是當您進入一家公司，有好幾張辦公桌讓您選擇的時候，或是您想要在家裡安置神位，或是您的辦公桌應該要放在哪個位置，使用五星守門的方法，只要懂得五行生剋關係，幾分鐘之內就可以判定一個可以長治久安的佈局。

　　以下就以圖文逐步引導解說。

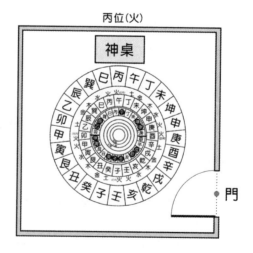

如果在家裡您的最重要的支柱是神位，就以神位做為您的守命，以神明金身中心點，也是香爐的中心點延伸到神桌的中心點，看羅盤的方位，就是以地盤為主，該地盤中線左右各 15 度，找十二地支。

　　這個神位位於丙位，依星球運行的地支方位所歸納的規則，丙位靠近太陽，屬火。

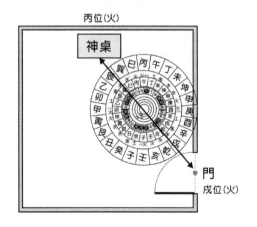

　　接下來，也是以剛剛所提的香爐延伸到神桌的點，面向守門的中心點，使用羅盤所量到的向是戌位，戌位是火星，屬火。

守命屬火，守門屬火，火火相比為比旺，這個神桌的位置可以擺置。

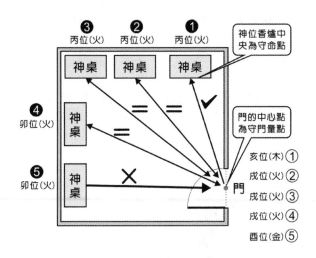

每一個神桌在一個空間內，守命的方位各不同，編號 1 至 3 都屬於同一個面，所以都是坐丙位屬火，而編號 4、5 在另一個面，坐卯位屬火。

五個守命的神桌都可以對向到守門的中心點，拿羅盤逐一在神桌香爐中心點所延伸的神桌中心點指向門，可得知該神桌和門的坐向五行生剋關係。

編號 1，神桌守命丙位屬火，守門亥位屬木，木生火，從外面生旺到裡面，等於是從外面收納錢財好運進來，是一個不錯的神桌擺置位置。

　　編號 2，神桌守命丙位屬火，守門戌位屬火，火火比旺，是一個可以擺置神桌的位置。

　　編號 3，神桌守命丙位屬火，守門戌位屬火，火火比旺，是一個可以擺置神桌的位置。

　　編號 4，神桌守命卯位屬火，守門戌位屬火，火火比旺，是一個可以擺置神桌的位置。

　　編號 5，神桌守命卯位屬火，守門酉位屬金，火剋金剋出，要耗費心力錢財出去打擊外敵，完全沒有任何收益，還會中傷損財，不是一個合宜的神桌擺置位置。

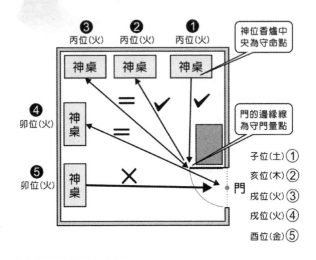

如果門打開後看不到門的中心，因為門開的方向相反，而且後面有櫃子使得門無法完全開啟，或是大門進入後還有一道牆壁延伸，這時候守門的點就是最終端點，拿羅盤逐一在神桌香爐中心點所延伸的神桌中心點指向守門的最終端點，可得知該神桌和門的坐向五行生剋關係。

編號 1，神桌守命丙位屬火，守門子位屬土，火生土，從裡面生旺到外面，等於是要出外去打拼賺錢，是

一個不錯的神桌擺置位置。

編號 2，神桌守命丙位屬火，守門亥位屬木，木生火，從外面生旺到裡面，等於是從外面收納錢財好運進來，是一個不錯的神桌擺置位置。

編號 3，神桌守命丙位屬火，守門戌位屬火，火火比旺，是一個可以擺置神桌的位置。

編號 4，神桌守命卯位屬火，守門戌位屬火，火火比旺，是一個可以擺置神桌的位置。

編號 5，神桌守命卯位屬火，守門酉位屬金，火剋金剋出，要耗費心力錢財出去打擊外敵，完全沒有任何收益，還會中傷損財，不是一個合宜的神桌擺置位置。

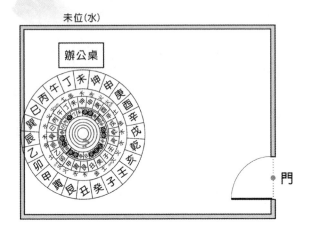

　　如果在家裡您的最重要的生財工具是辦公桌，就以

辦公桌做為您的守命，看羅盤的方位位於未位，屬水。

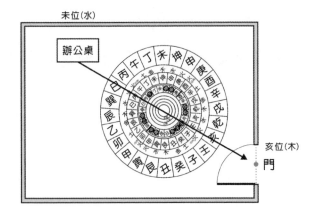

以辦公桌為守命，面向守門的中心點，使用羅盤所量到的向是亥位屬木；守命屬水，守門屬木，水生木，是向外發展的生旺，這個辦公桌的位置可以擺置。

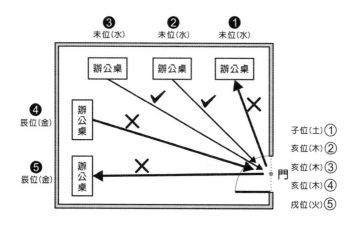

假設有一家公司有很多辦公桌讓您選一個，您就可以使用五星守門法找到合適的辦公桌，每一個辦公桌在一個空間內，守命的方位各不同，編號 1 至 3 都屬於同一個面，所以都是坐未位屬水，而編號 4、5 在另一個面，坐辰位屬金。

五個守命的辦公桌都可以對向到守門的中心點，拿

　　羅盤逐一在辦公桌中心點指向門，可得知該辦公桌和門的坐向五行生剋關係。

　　編號 1，神桌守命未位屬水，守門子位屬土，土剋水，從外面剋殺到裡面，等於是外面的盜賊入侵到裡面掠奪，不是一個好的辦公桌位置。

　　編號 2，神桌守命未位屬水，守門亥位屬木，水生木，從裡面生旺到外面，等於是要出外去拼賺錢，是一個不錯的辦公桌擺置位置。

　　編號 3，神桌守命未位屬水，守門亥位屬木，水生木，從裡面生旺到外面，等於是要出外去拼賺錢，是一個不錯的辦公桌擺置位置。

　　編號 4，神桌守命辰位屬金，守門亥位屬木，金剋木剋出，要耗費心力錢財出去打擊外敵，完全沒有任何收益，還會中傷損財，不是一個合宜的辦公桌位置。

　　編號 5，神桌守命辰位屬金，守門戌位屬火，火剋

金剋入，外面的盜賊入侵掠奪，最不適合辦公桌擺置位置。

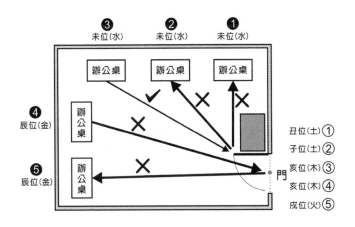

如果公司的有玄關走一道路才進入辦公室，或是門打開後看不到門的中心，因為門開的方向相反，而且後面有櫃子使得門無法完全開啟，這時候守門的點就是最終端點，拿羅盤逐一在辦公桌中心點指向守門的最終端點，可得知該辦公桌和門的坐向五行生剋關係。

編號1，辦公桌守命未位屬水，守門丑位屬土，土剋水剋入，外面的盜賊入侵掠奪，最不適合辦公桌擺置

位置。

編號 2，辦公桌守命未位屬水，守門子位屬土，土
剋水剋入，外面的盜賊入侵掠奪，最不適合辦公桌擺置
位置。

編號 3，辦公桌守命未位屬水，守門亥位屬木，水
生木，從裡面生旺到外面，等於是要出外去打拼賺錢，
是一個不錯的辦公桌擺置位置。

編號 4，辦公桌守命辰位屬金，守門亥位屬木，金
剋木剋出，要耗費心力錢財出去打擊外敵，完全沒有任
何收益，還會中傷損財，不是一個合宜的辦公桌位置。

編號 5，辦公桌守命辰位屬金，守門戌位屬火，火
剋金剋入，外面的盜賊入侵掠奪，最不適合辦公桌擺置
位置。

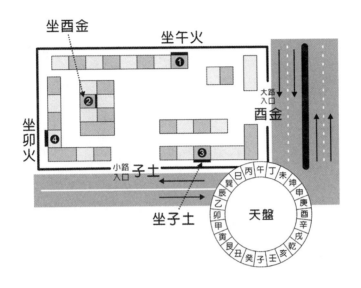

　　以這個百貨大樓的一樓各專櫃為例，以天盤量測，大馬路的入口（大路口）酉位屬金，小馬路的入口（小路口）子位屬土，氣流從大馬路流入最多，判斷時以大馬路入口為主，參照小馬路入口。

　　專櫃1坐午位屬火，火剋金，專櫃剋出大路口，出外打擊耗費心力；火生土，專櫃生小路口，大耗而小賺，這攤位1可以生存而已。

專櫃 2 坐西金和大路口金比旺，比旺是不錯可以賺錢，但是缺點就是背對氣口（大路口），比旺但背對氣口經常會自己亂花錢，或是賺錢卻自己賭博耗掉金錢；而專櫃對小路口是土生金，帶來錢財，但是都是因為背對氣口而使得財氣削弱，專櫃位置可以，但是要多當心。

專櫃 3 坐子位屬土，土生金，專櫃生大路口，外賣賺錢，土土比旺，專櫃和小路口同屬土，這專櫃可以選取，有賺錢的機會。

專櫃 4 坐卯位屬火，火剋金，專櫃剋出大路口，花錢頗多；火生土，專櫃生小路口，是有賺些錢，這專櫃 4 可以生存而已。

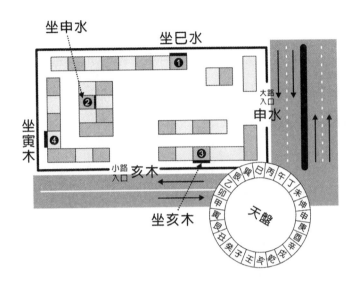

坐向不一樣，天星照臨的角度有差別，整個照應到這個百貨大樓的一樓各專櫃的氣流情況就不同了。以天盤量測，大馬路的入口（大路口）申位屬水，小馬路的入口（小路口）亥位屬木，氣流從大馬路流入最多，判斷時以大馬路入口為主，參照小馬路入口。

專櫃 1 坐巳位屬水，和大路口比旺，又和小路口相生，水生木，這是一個可以賺錢的專櫃。

專櫃2坐申水和大路口比旺，缺點還是背對氣口（大路口），而專櫃對小路口是相生，水生木，這個專櫃是不錯的位置，但是就是背對氣口，可能自己因為某因素而耗財甚大。

專櫃3坐亥位屬木，和大路口相生，水生木，進財頗多；專櫃和小路口也是比旺，所以這個專櫃是可以承租做生意的。

專櫃4坐寅位屬木，和大路口相生，水生木進財，和小路口比旺，也是一個不錯的位置。

屋外的五星守門應用

應用到陽宅風水方面，將辦公桌或神桌的命門定位之後，空間周遭如果有高起物，或是屋外有特別高大的高起物，正好剋在這個命門所在的方位，就容易在太歲走到這個高起物宮位的時候應驗凶禍。所謂的凶禍無非是勞民傷財或傷命，也就是容易破財或健康上容易出意

外。

　但是這種屋外的高起物必須是相當巨大的，而且有一種可以窺探屋內的感覺才有機會應驗；更精確地描述，以您自身所處建築物的頂樓高度，仰角超過 30 度以上的高起物，或是您的坐山位置看過去仰角超過 30 度的高起物，才能論吉凶。

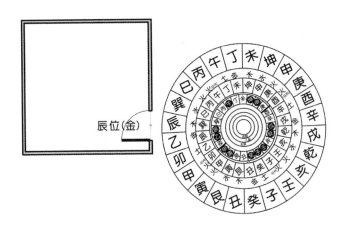

辰位(金)

　以門前屋簷滴水處，就在門的中心點畫一橫線，或是在高樓大廈的一間房的客廳最大的窗戶，拿羅盤量坐

位是辰位屬金。

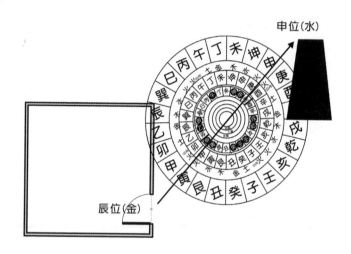

從大門的中心點，或是大樓住戶的客廳最大窗戶，
向著外面的高起物，量出高起物位於申位屬水，所以金
生水，向外發展的生旺，所以這個高起物對於這間房子
有利。

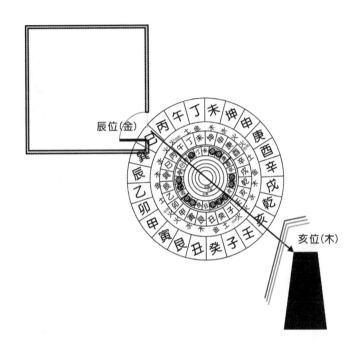

辰位(金)

亥位(木)

　　如果房子坐辰位屬金，而外面的高起物是亥位屬木，金剋木剋殺，自己必須要出外耗財耗力去打擊敵人，最終破財生災，所以要想辦法遮擋這個高起物，如果無法直接去除或是遮掉這個高起物，那麼就在屋前放一些植物或是阻擋物，不要看到這個高起物，盡量免受到這個剋殺之害。

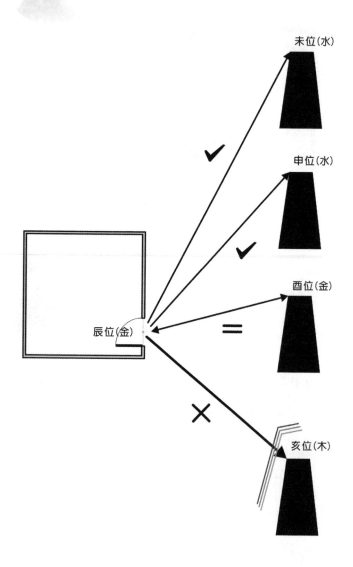

不同的高起物位置對於房子的生剋作用不同，只要是相生都好，但是相剋則不利，必須找方法阻擋。

（二）天星照臨（使用天盤量度）

　　依照每個星體所聚集交會而投影到地面所產生的影響力，在同一個方位不同時間星體所產生的照應自然不相同，所以就因而產生「天星照臨」祕法，再搭配賴公撥砂和五星守門，所應之事推測流年準確率高，由於照臨的方法簡單易學，反而使得古代風水大師藏私秘傳，以避免一般人學會而自行推測卻失了身分地位，今特地分享以延續風水祕法。

　　首先，先說明「天星照臨半邊天」的概念，這是以房子和外面做一分野，其分界線就是房子門前屋簷或主要大窗戶為線，和外面天上星體垂直照到地面的境地分

為陰陽兩面。所以，天星照臨，就是古代風水師仰觀俯察的綜合心得，其關鍵之處在於使用星體和與天柱投射到地面的影響力，為了方便記事與統計，就使用干支配年的方法計算流年時運；也就是說，使用天干和地支，也就是土星和木星運行交互作用力所推算出來，古人並不會深究其變化之理，卻透過長年的觀察而體會其星體能量照應所影響的方位，甚至對應的生肖等，整理成為一個簡單推測的規律。

最常見的就是「太歲」，由於木星運行速度十二年為一週天，所以古人就以十二地支紀錄木星運行，也利用太歲地支推測所影響的方位，生肖等，因為每一年的木星能量強弱在不同地方或生肖的展現較為明顯，因此這是最容易讓大眾熟知的「天星照臨」。

再回頭闡述所謂的「天星照臨半邊天」，這半邊天的概念就是陰陽，也可稱為陰陽半邊天，房子內部天星照不進來為陰，外面大地照得到天日就是陽。這是基

於一種假設，無論在任何時空，天空星體的能量都會從四面八方照射下來，但是能量最強的，當然是和地面垂直的星體能量，就像太陽夏天直射和冬天斜射的熱能差異，是一樣的道理。

所以，以人們居住的房子而言，受到星體能量最強的地方就是進出頻繁的大門氣口，在這一處內外陰陽兩分畫出一線，就是陰陽交接線。

這也對應了天星派的理論，就在門前屋簷滴水處，也是入門氣之所在，量出房子的坐山和出向。一般稱為出向消砂納水應天星，以白話解釋，就是把這些星體最強的能量，順著人們進出移動頻繁的方向帶引進入屋內，所以叫做入門氣。這也說明了古人常言「千斤門樓四兩屋」，屋形屋況只有四兩的份量，但是門樓的重要性卻佔千斤，因為門樓內外的陰陽半邊天，「屋簷滴水定陰陽」，左右畫出的一條陰陽分界線，決定了入門氣的能量屬性，也決定了這個屋子的氣運。

以辛丑年為例，靠近天干辛方位、地支丑方位為陽
面，是辛丑年得氣的方位，另外一半就是陰面，沒有得
到流年的能量。

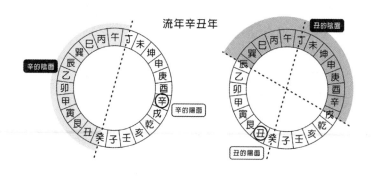

屋子的裡面沒有天星照臨到，所以是陰面，外面
有眾多天星照臨，是陽面。以流年辛丑年為例，拿出羅
盤定位，您的房子在辛的陰面，或是丑的陰面，也就是
說辛或丑都在陽面，就可以得到流年辛丑天星照臨的好
處。

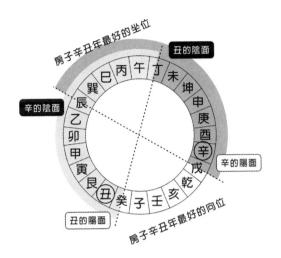

房子辛丑年最好的坐位

丑的陰面

辛的陰面

辛的陽面

丑的陽面

房子辛丑年最好的向位

　　所以，以流年辛丑年的排法，就有大約四分之一的最好坐位和向位，就是都得到辛和丑的好處，一整年都很順遂。

　　具體的操作方法很簡單，找到地支丑位，就在戌辰畫一條線分為兩半，靠近丑方是陽面得氣，靠近未方是陰面不得氣；找到天干辛位，在丁癸畫一條線分為兩半，靠近辛方是陽面得氣，靠近乙方是陰面不得氣。

　　所以，當您站在您家門前屋簷滴水處，或是高樓大

廈屋內客廳主要的大窗口，找出坐山出向，再依照該年的天干地支畫出陰陽半邊天。只要是位於見天陽面這一邊，就是屬於天干和地支的陽面能夠照臨的地方，今年至少能得氣，只要不在這個地方動土，或在不對的時間敲敲打打，基本上今年都能夠得氣得旺，運氣都還是不錯的。如果天干和地支都在背面，今年要特別留意，比較容易有一些不順的事情。

如果天干或地支只有一個在陽面，一個在陰面，這表示有半年的好運，也有半年不得氣；基本上，天干傾向上半年，地支傾向下半年，這只是大致上的分野，因為還要參照多種在地因素判斷，但基本上會有一半的時間不得氣，要多留意。

接著，把天干和地支所在的位置畫出來，在羅盤上畫一個正三角形三合的位置，如果有高大物體或空缺的地方，或是有特殊的山或特別的水，它就會特別的靈驗，這就是山水應期。

最佳的情況當然是流年的天干和地支都是在外面受到天星照臨，在這流年這棟房子大致上順利通達，但是大多數的情況還有以下三種情況：

1. 流年地支在外面受到天星照臨，天干在屋內沒有受到天星照臨，因此有半年的運不太好，一般通常是上半年，但實際應驗時程依個案而定。

2. 流年天干在外面受到天星照臨，地支在屋內沒有受到天星照臨，通常是下半年比較不順利。

3. 流年天干和地支都在屋內沒有受到天星照臨的照應，一整年行事不順遂。

以下就是更深一層的安排，以獲得些微的天星照應的效果。

情況一：流年天干在屋內，沒有天星照臨，以天干找地支堆貴祿。

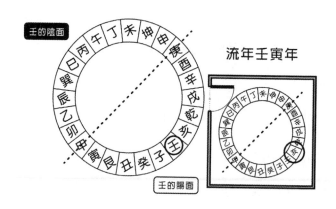

以流年壬寅年為例，壬在屋內，從天干壬找地支貴人方，就以天乙貴人尋找，口訣：甲戊並牛羊，乙己鼠猴鄉，丙丁豬雞位，壬癸兔蛇藏，庚辛逢虎馬，此是貴人方。

壬的貴人方是兔（卯）和蛇（巳），但是都在屋外的陰面，先擱置，查看其他的貴人方。

改用祿神歌訣：甲祿在寅，乙祿在卯，丙祿在巳，

丁祿在午，庚祿在申，辛祿在酉，壬祿在亥，癸祿在子。

天干壬的祿在亥，這屋內的亥位是天星照臨壬天干的陽面，在亥位放置質地堅硬的物質，例如使用金、銀、銅、高溫燒結的瓷器（陶器不算），放置雕像或看起來頗有份量的物體，以遷入天星照應的能量進入屋內。

情況二：流年地支在屋內，沒有天星照臨，以地支找天干堆貴祿。

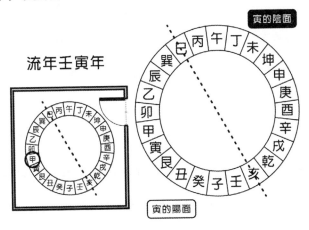

以流年壬寅年為例，寅在屋內，從地支找天干貴人

方，就以天乙貴人尋找，口訣：甲戊並牛羊，乙己鼠猴鄉，丙丁豬雞位，壬癸兔蛇藏，庚辛逢虎馬，此是貴人方。

寅（虎）的貴人方是庚和辛，但是都在屋外的陰面，先擱置，查看其他的貴人方。

改用祿神歌訣：甲祿在寅，乙祿在卯，丙祿在巳，丁祿在午，庚祿在申，辛祿在酉，壬祿在亥，癸祿在子。

地支寅的祿在甲，這屋內的甲位是天星照臨寅地支的陽面，在甲位放置質地堅硬的物質，例如使用金、銀、銅、高溫燒結的瓷器（陶器不算），放置雕像或看起來頗有份量的物體，以遷入天星照應的能量進入屋內。

情況三：流年天干和地支都在屋內，沒有天星照臨，就以上述的天乙貴人和祿神歌訣，找到合適的位置擺設質地堅硬的雕像或物體，以遷入天星照應的能量。

情況四：如果採用流年天干和地支都沒有落在屋內的陽面，就依屋主的生年天干找尋落在屋內陽面的貴人祿位，生年天干也不適合的話，才使用生年地支去尋找合適的位置，其順序就依次檢索。

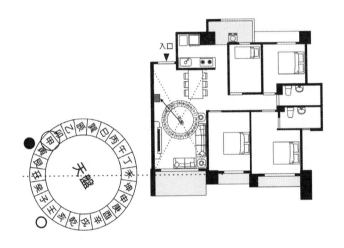

現在以常見的建案家戶的格局來看，大多數的家庭都是大樓電梯，分別住在各樓層，入口處經常都是電梯一出來的狹小暗黑空間，所以要論大門入口處為坐向則有討論空間；但是如果論及家人聚集生活的最密切處，

當屬客廳，所以客廳對外的窗戶，是納入外面天星氣流最大面積的地方，因此古代所謂的屋簷滴水處，現在應該說客廳窗戶向陽處吧！

另一種說法可以參考，就是引氣收氣說。

一般來說，我們是在空的地方引氣，實的地方收氣；在動的地方引氣，靜的地方收氣；在陽的地方引氣，在陰的地方收氣，誠如老子所言：「萬物負陰而抱陽，沖氣以為和。」陽宅要生生不息，就要注意引氣和收氣。

要定一間陽宅的坐向，就依引氣是向，收氣是坐；動處是向，靜處是坐；空邊是向，實邊是坐的原則，所謂的陽是向，陰是坐。於此，在屋宅內要看天然的來氣方是哪裡，如果只看電梯出來的大門，這麼陰暗的角落是不會有大量新鮮氧氣進來，陽光、氧氣、陽氣顯然不足。

在全家起居匯集處的客廳是第一優先選擇，有些家庭的客廳偏偏沒有面向外面則需要謹慎考量是否要購

買，一般而言，我們大多是以客廳為主，本身站的位置就是坐，窗戶外面視野風景的方向就是向，因為大量的陽光空氣陽氣入室而為向，屋內陰暗靜止空間即為坐。

我們就先在客廳窗戶放置羅經，量度天盤得知這層住戶是坐辰向戌，如果要看當年天星照臨的屋運，仍然以「壬寅年」為例，依前例得知，地支寅的祿在甲，這屋內的甲位是天星照臨寅地支的陽面。

所謂的甲位，就是天星照臨作用的空間，就在這個客廳各畫對角線找出中心點，放羅經確定「甲」的祿位，放置質地堅硬的物質，例如使用金、銀、銅、高溫燒結的瓷器（陶器不算），放置雕像或看起來頗有份量的物體，以遷入天星照應的能量進入屋內。

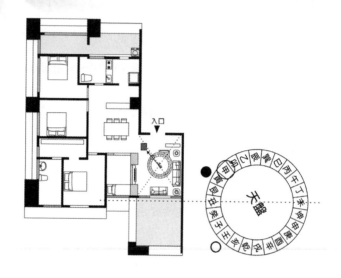

　　這層住戶的空間有一些偏頗，向外面面積最大的是廚房那邊，但是主要還是要看客廳這個空間，可是客廳卻在整個格局的外面，所以大體上天星照臨對於這個住宅並沒有多大的作用，因為客廳的氣較難與其他空間產生共鳴作用。

　　但我們還是在客廳對外窗戶用羅經量度天盤，屋宅坐辰向戌，得知「甲位」是祿位，問題是這個位置剛好

在客廳進入其他空間的通道中間，在實際的執行上有一定的難度，感覺也很突兀。

當然，這時候您可以使用前面所說的情況四：如果採用流年天干和地支都沒有落在屋內的陽面，就依屋主的生年天干找尋落在屋內陽面的貴人祿位，生年天干也不適合的話，才使用生年地支去尋找合適的位置，其順序就依次檢索。

您可以按照這樣的順序找到合適的放置位置，但是天星照臨的效力就會越來越弱。

凡事沒有全部都滿意，不太可能每個都可以做到位，在壬寅年，這屋宅的壬方在外面受到天星照臨，寅方在屋內而找不到合適的位置引入天星照臨，那麼，這一年的好運只有一半，只能是這樣了。

如果還想要全年好運，就請搜尋其他的風水理論，或許有解方。

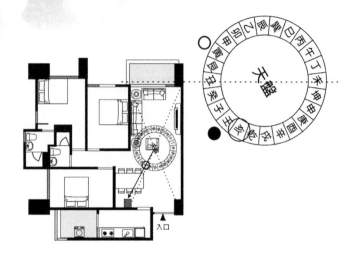

以這個電梯大廈的樓層，入口從電梯出來周圍沒有窗戶而暗黑，而面向外面天星的是客廳的大型落地窗，所以就以天盤量度，取得戌山辰向。

以流年壬寅年為例，前例就有戌山辰向，找到天干壬的祿在亥，這屋內的亥位是天星照臨壬天干引入至室內的亥位。

從這個客廳的空間畫兩條對角線，找到這個空間的中央點，將羅經放在這個位置量度天盤，依亥位的方向

找到位於餐桌的牆面，這個位置放置質地堅硬的物質，例如使用金、銀、銅、高溫燒結的瓷器(陶器不算)，放置雕像或看起來頗有份量的物體，以遷入天星照應的能量進入屋內。

這樣，在壬寅年，有受到天干壬、地支寅的天星照臨，全年都好運的機率提高。

（三）三元九運與暗倉水法（使用地盤）

賴布衣的著作當中，有所謂的催官篇，他以天文的角度去對應地理，在天文對應地理的時候，在坊間流傳的羅盤裡面，他有所謂的 24 天星或稱龍樓 24 天星。其中就是以依據不同的運，不同的位置，他的天星變化，至於這運怎麼來的，這時候，我們就必須再回歸到天文上面的觀察才能完整理解。

　　古人在觀測這個天文的時候，主要是以木星（歲星）為主，木星的運行大約 12 年一個周天，再觀察這個土星，土木星的週期，大約 20 年土木交會一次，所以就以 20 年為一個運。

　　所謂的三元九運，一運 20 年，一元三運，分為上元 60 年、中元 60 年、下元 60 年，三元九運 180 年，大約每 180 年是九大行星會合週期，稱為「九星連珠」，最早是從黃帝紀年開始，定為甲子年甲子月甲子日甲子時起算；因此每一個運，理論都是從甲年開始，但是星球運行沒有那麼精準地 180 年就全部會合，加上整個太陽系也以極快的速度圍繞銀河中心，所以地球相對於宇宙各星體的相對位置也會有偏差，所以稱為「歲差」，每次土木交會，就從甲年慢慢的遞延，現在已經是以庚年為天干起始年了。

　　所以，現在的星體時空，每逢庚子庚申庚辰這三年，土木星就會交會一次，交會的時候，其實際是一個

元運的開始，再加上這個土星木星的結構，他交會的點會依據三合的型態，申子辰，巳酉丑，亥卯未，大約每180年是屬於一個共鳴區域，也正好每180年，這五行諸星會交會在天盤的同一個面，因此就有三元九運的說法。

每經過三元，就經過了九運，但是因為九運諸星在天盤的一側，所以下一個180年就會在另外一側會集，所以真正的風水談的是六元十八運共360年。但是，因為六元十八運時間太長，所以，以三元九運去做推測，因為三元九運和六元十八運有很多東西現象是類似，只不過是稍微顛倒，得失交換等現象。

暗倉水法，這是風水師徒私下傳授的祕法，所以坊間和網路幾乎看不到，這是以超乎一般風水認知的立體思維，將先天八卦和洛書九數巧妙地結合，經過歷代風水師的實驗，不斷地修正，找出了一個應驗恰準的公式，由於運算的公式所獲得的結果簡單易懂，如果公示

於眾，風水師將無從顯示其專業性，所以這個暗倉水法
只傳徒弟，而且只口傳不著書。

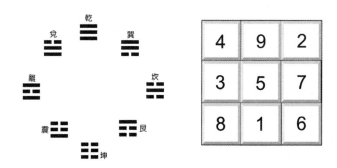

　　我們所身處的空間是立體的，一般的八卦和洛書的
圖示經常會有一個平面的錯知，以為天地之間的流動只
是平面各處的運轉而已；實際上，人住在屋宅裡面，上
有天星照臨，以及獲得「八風」互動相應的先天八卦平
衡力量，而在地面上或是在地底下的能量平衡，則由洛
書九數的平衡之數的對應而生。

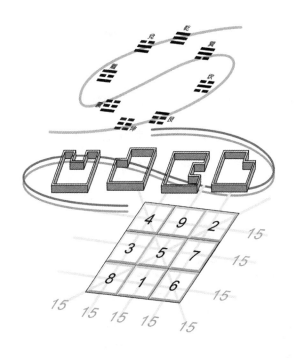

　　這個上下的交會互動，吸收了天地的脈氣流動，構成了平衡而好運的人生；但是每個地方依其地形、方位、星辰照臨的方位偏差，幾乎沒有一個屋宅或陰宅是一個完整氣運的個體，幾乎都是處於不平衡的狀態，人身處其中，氣運不對，運勢不開，身體也可能有症狀。

　　所以，如果單是以一個八卦或是洛書所計算出來的

公式，可能會有應驗，也可能什麼事也沒有發生；正是如此，歷代風水師就私下找一個綜合的公式，希望能夠獲得大地運行之鑰，而能實質上幫助窮人，所以，這也是一種救貧水法，但是特別是運用在不見光的地方，即是屋宅之內，墓堆之下，又稱為暗倉水法。

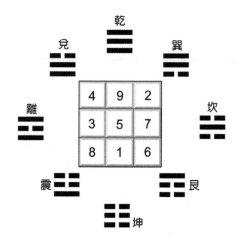

中國古代的圖示方位和一般西洋的地圖不相同，由於身處在中原地區，位置遠高於北迴歸線，所以太陽全年都在南方，靠南方由東至西地運行，所以人們面向前

方就是太陽光耀的一方，也就是南方，在圖示上就是上方，乾卦位置。相對地，圖示下方就是北方，坤卦位置。

洛書亦然，上面南方是 9，下面北方是 1，加上中間是 5，加總是 15；洛書直線、橫線、斜線各三個數字加總，全部都是 15，這也是平衡之數的鋪排。

先天八卦和洛書九數整合之後，再套上二十四山，這樣在羅盤上所呈現的坐山，其依據的源頭就是先天八

卦和洛書九數所整合計算之後所代表的意義，和一般的算法不同，由於結構立體但是簡單，卻很好操作，因此被歷代風水師列為口傳之秘，以維持只有找風水師斷定才會神準的專業形象。

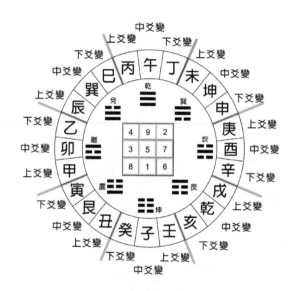

接下來就是公式計算的問題了，依據四季的運行，以及天體的旋轉照應到地面，所以每一坐山的卦爻變化是以順時針的方式，依序是上爻變、中爻變，下爻變。

如果是上爻變，取該卦位的上爻，陽爻變為陰爻，

陰爻變為陽爻，再依該卦位所處的洛書位置，取洛書的

數字，就當作是該運的數字。

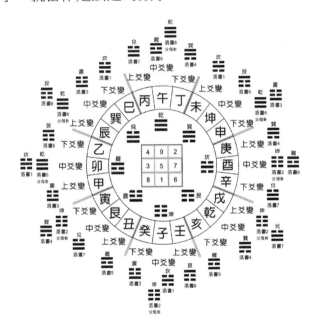

　　依此，從乾卦開始逐一說明二十四山的洛書運數字

的演變。

　1. **先天乾卦**，丙山上爻變，乾卦變為兌卦，洛書數字

為 7。午山中爻變，乾卦變為離卦，洛書數字為 9，但是乾卦是父母卦，也要算入此山之中，所以另外再加上乾卦洛書數字為 6。丁山下爻變，乾卦變為巽卦，洛書數字為 4。

2. **先天巽卦**，未山上爻變，巽卦變為坎卦，洛書數字為 1。坤山中爻變，巽卦變為艮卦，洛書數字為 8。申山下爻變，巽卦變為乾卦，洛書數字為 6，但是乾卦是父母卦，不能單獨一卦，所以再從巽卦全爻變為震卦，洛書數字 3。

3. **先天坎卦**，庚山上爻變，坎卦變為巽卦，洛書數字為 4。酉山中爻變，坎卦變為坤卦，洛書數字為 2，但是坤卦是父母卦，不能單獨一卦，所以再從坎卦全爻變為離卦，洛書數字為 9。辛山下爻變，坎卦變為兌卦，洛書數字為 7。

4. **先天艮卦**，戌山上爻變，艮卦變為坤卦，洛書數字為 2，但是坤卦是父母卦，不能單獨一卦，所以再

從艮卦全爻變為兌卦，洛書數字為7。乾山中爻變，艮卦變為巽卦，洛書數字為4。亥山下爻變，艮卦變為離卦，洛書數字為9。

5. **先天坤卦**，壬山上爻變，坤卦變為艮卦，洛書數字為8。子山中爻變，坤卦變為坎卦，洛書數字為1，但是坤卦是父母卦，也要算入此山之中，所以另外再加上坤卦洛書數字為2。癸山下爻變，坤卦變為震卦，洛書數字為3。

6. **先天震卦**，丑山上爻變，震卦變為離卦，洛書數字為9。艮山中爻變，震卦變為兌卦，洛書數字為7。寅山下爻變，震卦變為坤卦，洛書數字為2，但是坤卦是父母卦，不能單獨一卦，所以再從震卦全爻變為巽卦，洛書數字為4。

7. **先天離卦**，甲山上爻變，離卦變為震卦，洛書數字為3。卯山中爻變，離卦變為乾卦，洛書數字為6，但是乾卦是父母卦，不能單獨一卦，所以再從離卦

全爻變為坎卦，洛書數字為 1。乙山下爻變，離卦變為艮卦，洛書數字為 8。

8. **先天兌卦**，辰山上爻變，兌卦變為乾卦，洛書數字為 6，但是乾卦是父母卦，不能單獨一卦，所以再從兌卦全爻變為艮卦，洛書數字 8。巽山中爻變，兌卦變為震卦，洛書數字為 3。巳山下爻變，兌卦變為坎卦，洛書數字為 1。

所以，這樣每一個卦就有四個運，平均分配，合乎大自然平衡之理。

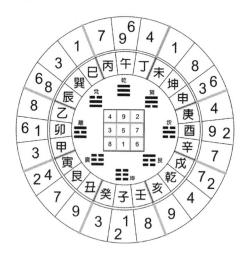

將爻變的過程刪除，就得到了每坐山的數字，這個數字就是三元九運的數字，意即9代表九運期間，1代表一運。拿到這個二十四山的運程對應速查表，風水師就可以進行暗倉水法；或是將這個計算公式了然於心，端上羅盤量度方位後，透過簡單的先天八卦和洛書的演算，也可以知道如何安置暗倉水法。

看起來風水師很神，其實所使用的方法，是可以用嚴謹的邏輯運算得知的，而其神秘之處，就在於您不知道怎麼計算而已，否則，自然運作原則是很簡單的，但是要有人提點才行。

暗倉水法使用原則

水法，使用水改變氣場一直以來為風水師所熟知，晉朝郭璞已說過「氣乘風則散，界水則止。古人聚之使不散，行之使有止，故謂之風水。」前台大校長李嗣涔教授在其著作《撓場的科學》乙書中提及，在做氣場實

第三章　歷代師傅口傳祕法

驗時，發現兩杯水如果放得太靠近，在五公分之內這兩
杯水似乎會交換氣場信息，這表示被水吸收的氣場，並
不是侷限在水的內部，而會擴散到附近區域。

　　所以環境的擺設會影響水中分子團的大小變化，氣
場經過水就被完全吸收，因為氣場打到水就完全進入虛
空，這是由於水分子是兩個氫原子和一個氧原子化合，
H-O 化學鍵有兩個自旋相反的電子，形成 3D 的太極結
構，有兩個魚眼，撓場可以一進一出穿梭陰陽界。但是
氫原子只有一個質子自旋，只有一個陰陽界通道，因此
它是單行道只出不進。就像順向閥篩子一樣，撓場打入
水中，被單向閥管控全部進入虛空而消失了，自然進入
虛空的撓場會與附近環境中物體虛象作用，對環境起了
互動的作用，所以氣界水而止。

　　風水師依照歷代實務的驗證，所形成的水法，現在
有科學論述的應證。

　　暗倉水法只有幾個簡單的原則，看似容易，其實已

經融入了先賢所訂下來的各項邏輯編排。

第一個原則：當運的數字放置高起物，神位，扎實的物體，這樣就促使其他的位置相對地低下；依放置的目的所對應的位置就放水，可以看得到水面的水盆或魚缸，不要加蓋，這個位置就是要創造溫度相對低的效果。以上的高起物和水的寬度，不要超過坐山輻射出去的範圍，也就是在屋內的中央量度地盤，在這個 24 等份的一坐山，就在這個坐山寬度之內放置高起物或水。

第二個原則：依使用的目的找到放水的位置，放水的目的就是要創造該位置溫度略低，而當運的位置放高起物的溫度就會略高，這個溫度差就可以創造這個空間氣場的流動。

1. 催財合十，放零神的位置，也就是當運（正神）加上一個數字（零神）等於十，和洛書的數字排列一樣，也和先天八卦的相互對應的原理相同，例如九運正神，1 就是零神，9+1=10，在數字 1 的位置放

水，就有可能速發救貧。

整個地盤有四個當運的坐山，也有四個零神的坐山，只要依照該空間的格局和家具擺設的情況，在當運四坐山挑一個坐山放置高起物，另外在零神四坐山挑一個坐山放置水盆或魚缸，就有極大的可能性可以快速致富，或是接到訂單的機率加大。

2. 催官合成數，依河圖 1-6，2-7，3-8，4-9，四組合成數，當運九運的合成數是 4，在數字 4 的位置放水，有機會升官晉級。

整個地盤有四組合成數，從當運數字決定另一個數字，這是來自於河圖的數字組合，這個當運四個坐山 (例如九運數字 9)，也有另外四個合成數的坐山 (9-4，合成數數字 4)，只要依照該空間的格局和家具擺設的情況，在當運四坐山挑一個坐山放置高起物，另外在合成數坐山挑一個坐山放置水盆或魚缸，就有極大的可能性可以升官晉級，升官也表示

賺錢的機率大，或是名譽形象更加提升。

3. 催桃花、催文昌合五或合十五，只要是當運的數字加上某數等於五或十五，例如當運 9+6=15，當運 1+4=5，所以在九運的時候在 6 位置放水，在一運的時候在 4 位置放水，有可能催動姻緣或是考運增強。

由於 5 是河圖和洛書的中央數字，5 在中央統管四季四方；另外洛書直橫斜的數字總合都是 15，因此 5 和 15 就是一個很重要的組合，所以當運數字和某數字加總是 5 或 15，就形成了一個共鳴效應很強的組合。

所以，整個地盤有四個當運的坐山，也有四個相對應加總是 5 或 15 的坐山，只要依照該空間的格局和家具擺設的情況，在當運四坐山挑一個坐山放置高起物，另外在相對應數字坐山挑一個坐山放置水盆或魚缸，就有極大的可能性可以催動桃花或增加

人脈，或是增強文昌效應使考試順利。

以上的應驗強弱，以第一項合十效應最強，因為這是直接反應當時的時空；接下來就漸次減弱，因為是利用合成數和組合數，是有一定的空間效應，但是效果不會像第一個合十更強。但是因為目的性不同，想要催官就用合成數，想要催桃花就用合五或合十五，端視現場和使用人的期望而定。

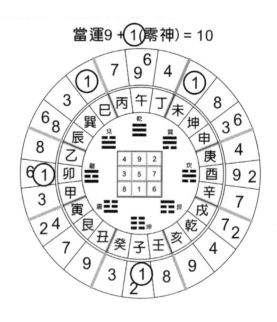

當運9 + (1)(零神) = 10

當運 9+1(零神) 合十，在屋內的中心點量度，9 的位置放高起物，1 的位置放水，放水是促使該處溫度降低，依屋內的情況找合適的位置。

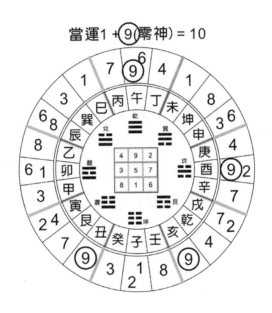

　　當運 1+9(零神) 合十，在屋內的中心點量度，1 的位置放高起物，9 的位置放水，依屋內的情況找合適的位置。

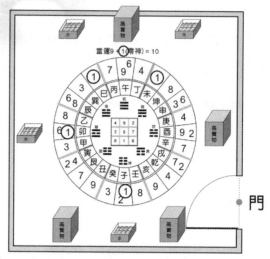

　　以這個屋宅為例，有四個坐山數字9放高起物，另外四個坐山數字1放水，依屋內格局和家具擺置，各找到合適的位置，或是做整體的規劃，達到風水調適和生活動線的雙重獲益。

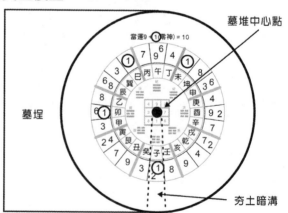

以陰宅為例，在墓堆上面的中心點量度，當運是九運，在四個數字1找一個合適的位置，在建造墓堆之前，事先在1的位置挖一條暗溝，用符咒、乾草放置在溝渠當中，點火燒著製造夯土，就是這條暗溝的土質要堅硬，確保以後不會崩塌。

　　待墓堆做好了以後，日後下雨土濕，水份慢慢地流入暗溝，促使暗溝的溫度比周遭的土都低，這就是暗倉水，很可能速發，依照風水師實際的案例驗證而知。

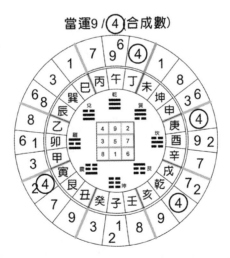

當運9 /（4）(合成數)

　　當運是九運，9-4合成數，在屋內的中心點量度，9的位置放高起物，4的位置放水，依屋內的情況找合適

的位置。

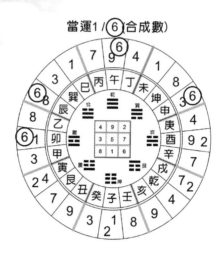

當運1 /⑥合成數)

　　當運是一運，1-6 合成數，在屋內的中心點量度，1
的位置放高起物，6 的位置放水，依屋內的情況找合適
的位置。

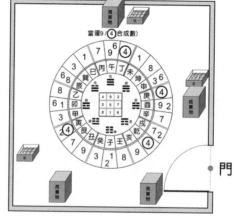

當運9 /④合成數)

　　以這個屋宅為例，有四個坐山數字 9 放高起物，但

是只有三個坐山數字 4 可以放水，另一個 4 的位置在門口不能放水。

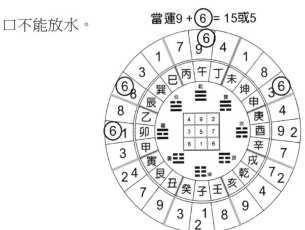

當運數字加某數等於 5 或 15，在屋內的中心點量度，當運九運的數字 9，9 的位置放高起物，9+6=15，6的位置放水，依屋內的情況找合適的位置。

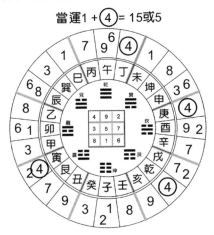

當運數字加某數等於 5 或 15，在屋內的中心點量度，當運一運的數字 1，1 的位置放高起物，1+4=5，4 的位置放水，依屋內的情況找合適的位置。

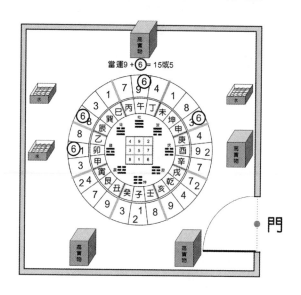

以這個屋宅為例，有四個坐山數字 9 放高起物，但是只有三個坐山數字 6 可以放水，另一個 6 的位置和 9 同一個位置，如果放山就不能放水。

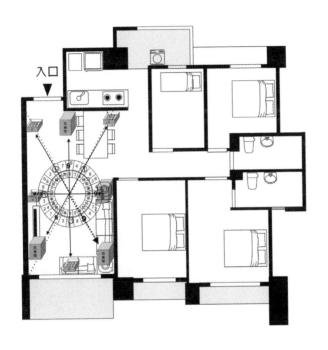

入口

　以實際的電梯大樓建案住宅平面圖為例，在屋宅裡面家人的活動量與頻繁度大多以客廳為主，就在客廳這個大空間畫兩條對角線，找到中心點，放羅經量度地盤，如果當時的當運是九，所以數字9所輻射出去的位置就放高起物，而9+1=10，找數字1的坐山輻射出去的位置放水盆或魚缸，只要能夠看到水即可，因為有看

到水，透過水的比熱大溫度低，造成該位置的溫度低，配合 9 位置高起物溫度相對地高，這個高低溫的落差就造成空間氣流的流動，而且合乎當時氣運好的流動。

雖然有四個高起物位置，四個水盆或魚缸的位置，但是實際上還是要觀照客廳格局和家具的擺置情況而做調整，例如入口處是否可以放魚缸？大沙發的角落放一個書櫃高起物或許可行？餐桌兩旁如果要放高起物或魚缸，餐桌可否調整位置？所以要隨間隨看，有了公式，接下來就是對照做實務調整。

這是催財、速發救貧的祕法，應該是列為首要的考量，因為這樣配置的上游理論是合乎三元九運星體運行的規律，我們生活在這個大星體運行的小生活空間當中，當然以這個方法做最優先的調適，畢竟有錢就可以去做您想要做的事，大多數的願望都可以達成。

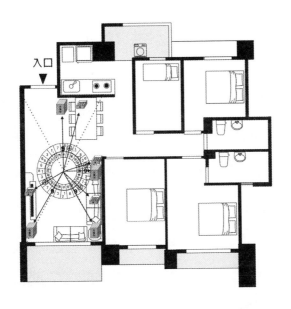

入口 ▼

　　如果您矢志要升官，因為升了官自然就發財，有些
情況的確是這樣，已經佔了一個官位當然想要升官，那
麼您就放催官水吧。

　　依照河圖合成數，1-6，2-7，3-8，4-9，總共有四組
合成數，如果您當時當運是九運，其合成數就是 4-9 這
一組。

　　在客廳的中央處放羅經量度地盤，在數字 9 的坐山

輻射出去的位置放高起物，總共有四處；在數字 4 的坐
山輻射出去放魚缸，總共有四處。但是這個客廳有兩個
坐山相鄰有高起物也有水，這個位置建議不要將高起物
和水同時相鄰放置，因為高起物溫度高和魚缸溫度低靠
太近，造成空間氣流運行的效果有限。

　　您接下來的思維和風水師都是一樣的，他在找適
當的位置擺放，根據格局和現有的家具擺設，找出最不
會影響您既有生活節奏的方式，每一個家庭的情況超多
樣，這就是發揮您現場的調整能力了。

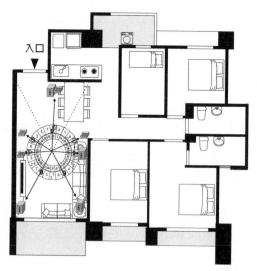

如果您有強烈的目的想要有桃花運，或是增加人脈人緣，畢竟多一位朋友，是多一條路，或是有重要的資格考試要努力，那麼您就可以選擇採用第三原則催桃花、催文昌合五或合十五的方式放水。

　　如果您當時的當運是九運，就在數字 9 的坐山輻射出去的位置放高起物，9+6=15，在數字 6 的坐山輻射出去的位置放魚缸，最上方靠入口 9 和 6 同一個坐山，只能取其一，但是建議不取這個位置，因為同時在同一位會有抵銷的效果，您從其他的位置依據實際家具擺設調整之。

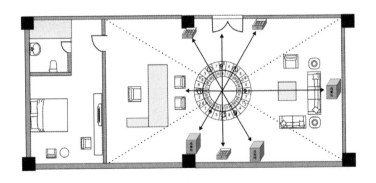

　　暗倉水法就是一個不見天的風水秘法，而且是隨間

隨看，無論是在公司主管的辦公室，或是住家主人的工作室都可以，就在這個空間利用已經整理的公式做高起物和水盆的擺設，以創造室內好氣流的流動。

這是一間大型企業董事長的辦公室，在他後面還設有一小間的休息室，整個辦公室也有客戶招待區，擺設六個沙發可以談生意，如果想要幫助董事長速發就用當運零神，當時的當運九運數字 9 的坐山輻射出去的位置，有一個坐山正位於大門口不宜，其他位置都可以考慮放置高起物；零神數字 1 的坐山輻射出去的位置，有一個坐山正位於董事長後面也不宜，其他位置可以考慮放水盆或魚缸，只要見到水面，就可以利用水降低該位置的溫度，促使氣流因為溫度高低差而流動。

第四章

賴公撥砂

四、賴公撥砂

　　宋朝風水大師賴文俊，原名賴風岡，字文俊，自號布衣子，所以稱為賴布衣，其事蹟大家熟知，查閱相關書籍即可，在此不多描述。

　　賴布衣是一位天賦異稟的人，他透過長期觀測天象，尤其是月相，觀測月亮，觀測白道的一些變化，再搭配 28 星宿的天地四遊，是由他獨創了一個天星派的風水理論，因此他就被稱為天星派。

　　這就是有名的風水理論之一，賴公撥砂，又稱為人盤撥砂。

　　這裡先說明「撥砂」和「消砂」的名詞來由，因為古代風水師教導徒弟時，經常在院子鋪上一片沙地，使用竹竿或是木棒在沙地上演練，或沙堆當作高起物，或畫上凹線指示來水，從中量度說明吉凶應驗，由於拿棍

撥沙，而高起物稱為砂，因此稱為「撥砂」。

而所謂的「消砂」，是因為從屋宅或是墓碑的坐向來看，在某個地方有寬或高過 15 度範圍的高起物，這個高起物擋住了天星照臨應該形成的光譜，這時候就要想辦法收山或收煞，俗語收山等於收煞意思相同，就是消去或化掉一些煞氣，把附近的能量轉化為好的能量反射過來，所以稱為「消砂」。

所以，如果以屋宅或墓碑所面對前方某處的高起物，經過量度是好的，有利於主人，就不必做任何動作；如果在那個方向並沒有高起物，就以人為的方式造一個高起物，以產生有利於主人的天星五行良好的互動。

（一）人盤消砂（使用人盤查看高起物）

在早期，楊公等風水大師都是以天地定位的方式去觀測，所以所使用的羅盤屬於天盤。到了賴布衣，為了將他所觀測到七政五行在四象變化，就刻意搭配當時航

海所使用的另一組羅盤，稱為人盤，不知情的外人還以為人盤是賴布衣發明的。

賴布衣通過長期觀測月亮在白道面的運行，以及月亮出沒的時間和仿造漢朝的納甲說法，將月相和風水羅盤做搭配，同時記錄了月亮投影在 28 星宿上面的光譜，他發現了一些現象，並且創造了一套理論。

按照土星每一年走一個星宿，月亮每一天走一個星宿，他將天空劃分成 28 星宿，他以赤道和白道去推算，投射到黃道面上，月亮的宮位大小就不一樣。因為月亮無論是滿月，弦月或是望朔，它出沒的時間和方位，它有一定的規律，因為有一定的規律，這個方位就會造成固定的光譜和能量的特性。

另外，在子午線和卯酉線的區塊上面，因為地球由西向東的時候，在子午卯酉這四個點，四個重要的節氣點上面，它產生的磁極光譜，是有一定秩序的。也就是說，賴公以月亮運行的白道為基準，做為人盤消砂的依

據。

在人盤上分為四象，每一個象各有六個坐山，依七政五行依序排列：日月(火)、火、水、木、金、土。

這就產生了人盤中針五行，訣曰：

子午卯酉太陽火，甲庚丙壬太陰火，

乾坤艮巽本屬木，乙辛丁癸便屬土，

辰戌丑未即是金，寅申巳亥皆屬水，

此是撥砂真砂法，見砂分金配度坐，

山峰須看人盤位，吉凶禍福有分明。

　　早期的風水師所量的方位，以立向為主，站在所處房屋的門前屋簷滴水處垂直線下羅盤，量出一個與這個屋簷垂直的方向，這個方向叫做出向。這就是要確定我們所居住的房屋，到底吸收什麼樣的能量，因為依照天星照臨的觀念，天上星體能量垂直照應到地面，屋內和屋外的能量場完全不一樣，而我們要想辦法吸收到天上星體照應和山巒河川所蘊藏的能量，其吸收的入口點就是房屋門前屋簷滴水處。

　　量到了出向，這房子本身坐山的宮位也同時確定，也知道這房子的五行屬性；再從房子的中心點環視外在五行，這就是砂的五行。也就是說，當風水師找到房子的入門處，就可以定義出一組七政五行；即使沒有帶羅盤，也可以使用指南針，經過實際的練習，只要舉起右手放在眼前適當位置，橫擺著五根手指，也可以大約看到火、火、水、木、金、土六個方位。

　　基本上，只要知道出向即可，因為坐和向都是同一

個五行，看到出向的五行就知道坐位的五行，您可以拿出羅盤和人盤中針五行逐一比對即知：

子午卯酉太陽火；

在羅盤上兩組，子午，卯酉，都是火行。

甲庚丙壬太陰火；

在羅盤上兩組，甲庚，丙壬，都是火行。

寅申巳亥皆屬水；

在羅盤上兩組，寅申，巳亥，都是水行。

乾坤艮巽本屬木；

在羅盤上兩組，乾巽，坤艮，都是木行。

辰戌丑未即是金；

在羅盤上兩組，辰戌，丑未，都是金行。

乙辛丁癸便屬土；

在羅盤上兩組，乙辛，丁癸，都是土行。

由於羅盤的每一坐山是 15 度 (360 度 /24 坐山 =15

度），所以，只要高於 15 度仰角，這個高大物體就對這間房子有影響，而所謂高於 15 度仰角，其參考的標準是以這間房子的最高點去做測量的依據。總之，它必須寬度寬於 15 度以上，高度高於 15 度仰角，這就符合消砂的需求，越高的物體應驗就越大，反之應驗就小。

賴布衣將這個房子的大門，或是陰宅的墓碑，站在吸收能量的入口點所量到的出向當作「我」，以這個入口點向外面視覺所見的地方，如果有高大物體叫做「砂」，因為高大物體阻擋了天星照臨應有的光譜範圍，例如大樹、電線桿、煙囪等，使用人盤定高大物體的位置，稱為人盤消砂。

在屋宅的大門中央的門簷滴水處往外看寬過 15 度，或是以屋宅屋頂為準高過 15 度，或是墓碑前面桌面高度或墓埕沿邊的高度為準，高過或寬過 15 度，都是高起物，或是以人為創造高起物，一般就會在這個地方奉置土地公，成為砂。

任何一個形煞物體也有吉凶之分，根據高大物體方位所屬的五行，再參照「我」坐山的五行，就產生了賴布衣地理《砂法要訣》的「撥砂生克法歌訣」：

砂法別來有五種，生旺奴殺泄當明。

克我煞見則禍絕，我生泄氣漸飄零。

我克奴砂為財帛，居官得祿而和平。

比和為旺財丁足，生我之星名食神。

食神毓秀出科甲，若作龍身更顯榮。

生不在問止及旺，兩旺高明過一生。

如此理氣名宿度，用以撥砂尖上論。

再依五行相生相剋之理：

相生：金生水，水生木，木生火，火生土，土生金；

相剋：金剋木，木剋土，土剋水，水剋火，火剋金。

克我煞見則禍絕，我生泄氣漸飄零，

我克奴砂為財帛，比和為旺丁財足，

生我之星號食神，食神毓秀誕科甲。

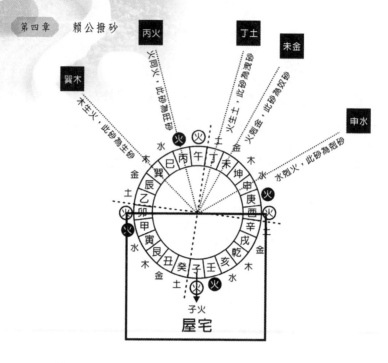

整理以上的歌訣，以五行生剋的理論簡單說明如下：

1. 生我者為生砂，生氣，平安，丁財兩旺，利於科考功名，可產生下一代，稱為食神吉，生砂吉。

2. 同我者為旺砂，旺丁，平安，催官，可能有官貴，稱為旺砂吉。

3. 我生者為洩砂，破財，飄蕩破耗，人丁凋零，但是

發女丁，因為旺到外面女婿家，可能有虛名，稱為洩砂凶。

4. 我剋者為奴砂，有財帛財氣，催財，可能有官爵俸祿，可能勞碌生財，稱為奴砂半吉凶。

5. 剋我者為剋砂，有煞氣，血光之災，可能招禍財敗，可能生重病，可能喪丁絕後，稱為煞砂凶。

以天星照臨的理論所建立的天星派，由於這是星體運行和地球的磁場互動的吉凶刻應，經過長期的觀察而獲得的人事應用，所獲得的效應將是恆久的，只有因為年運的不同而有大小強弱之分而已；因此，雖然有時候以天星照臨的理論調理風水格局，可能短時間沒有立即應驗的效應，可能要經過一段時間，或是時機到了才會有大獲利，從長遠時間軸來看，這是穩定而恆久的風水佈局法。

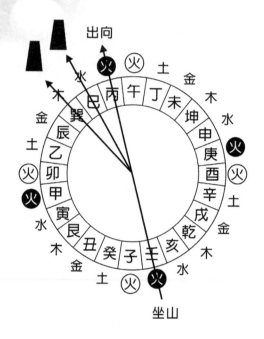

　　以屋宅壬山丙向為例，壬山屬火，面向巽山高起物屬木，木生火，生我者為生砂，生氣，平安，丁財兩旺，利於科考功名，可產生下一代，稱為食神吉，生砂吉。所以巽山是好的高起物。

　　旁邊是巳山高起物屬水，水剋火，剋我者為剋砂，有煞氣，血光之災，可能招禍財敗，可能生重病，可能

喪丁絕後，稱為煞砂凶。所以巳山是帶有煞氣的高起物。

這兩個高起物就是好事壞事都會有，如果巳山高起物超高於巽山，或是巳山和巽山一樣高，則壞事會加劇進行。

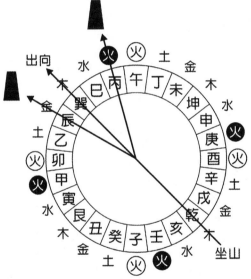

以屋宅乾山巽向為例，乾山屬木，面向辰山高起物屬金，金剋木，剋我者為剋砂，有煞氣，血光之災，可

能招禍財敗，可能生重病，可能喪丁絕後，稱為煞砂凶。所以辰山是帶有煞氣的高起物。

前右方是丙山高起物屬火，木生火，我生者為洩砂，破財，飄蕩破耗，人丁凋零，但是發女丁，因為旺到外面女婿家，可能有虛名，稱為洩砂凶。所以丙山是帶有洩氣煞氣的高起物。

這兩個高起物會導致不一樣壞事發生，要謹慎多留意。

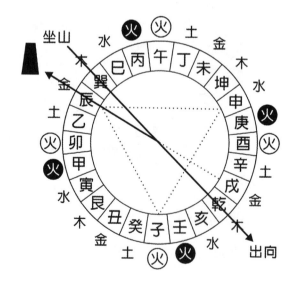

屋宅外面的高起物受到天星照臨的效應，反射到屋內產生一些影響，而這些影響和方位時間都有關聯，我們看時間的剋應都是看農曆，就是依太歲月建的沖吊定之，沖就是對面沖，如子午沖、卯酉沖、寅申沖、巳亥沖、辰戌沖、丑未沖。吊是三合。如申子辰、寅午戌、巳酉丑、亥卯未。

　　以屋宅巽山乾向為例，在旁邊辰山有高起物屬金，金剋木，剋我者為剋砂，有煞氣，血光之災，可能招禍財敗，可能生重病，可能喪丁絕後，稱為煞砂凶。所以辰山是帶有煞氣的高起物。

　　而申子辰三合一個共鳴結構，除了辰本身以外，申和子都可以牽動辰山的作用力，而辰和戌對沖，戌會促動辰山啟動煞氣，所以在申年戌月、子年戌月、辰年戌月，辰山的煞氣可能啟動而傷人。

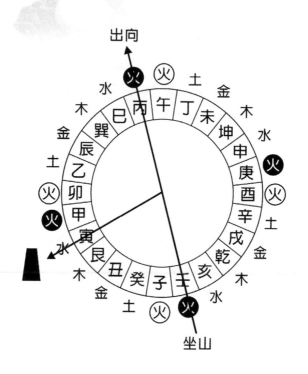

　　以屋宅壬山丙向為例，壬山屬火，左前方寅山高起物屬水，水剋火，剋我者為剋砂，有煞氣，血光之災，可能招禍財敗，可能生重病，可能喪丁絕後，稱為煞砂凶。所以寅山是帶有煞氣的高起物。

　　到了寅年，就會填實寅山高起物的煞氣，而寅在壬的左邊，是長房的公位，所以在寅年長房可能會有災。

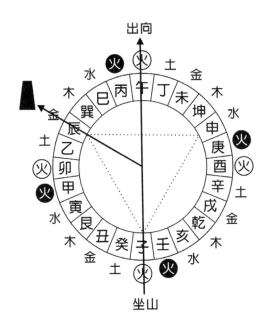

以屋宅子山午向為例，子山屬火，左前方辰山高起物屬金，火剋金，我剋者為奴砂，有財帛財氣，催財，可能有官爵俸祿，可能勞碌生財，稱為奴砂半吉凶。所以辰山是好壞參半依時判斷的高起物。

而申子辰三合的時間會牽動辰山，申屬水，水剋子山火，等於是剋了屋宅本身，為子山火的煞氣，有可能損丁。

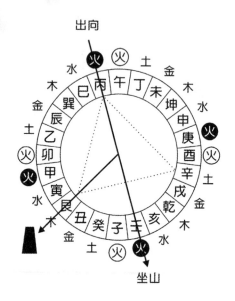

　　丙山屬火。艮峰屬木。木生火。生我為食神。吉砂。但到丙辛年拱辰。辛屬土。火生土。我生為洩神。為丙山火之洩氣。到辛年反主病耗。

　　以屋宅丙山壬向為例，丙山屬火，右前方艮山高起物屬木，木生火，生我者為生砂，生氣，平安，丁財兩旺，利於科考功名，可產生下一代，稱為食神吉，生砂吉。所以艮山是好的高起物。

　　但是丙辛艮三合的時間會牽動艮山，辛屬土，火生

土，丙山火生辛山土，等於是屋宅本身洩出去氣運，為丙山火的洩氣，到了辛年有可能會有病耗。

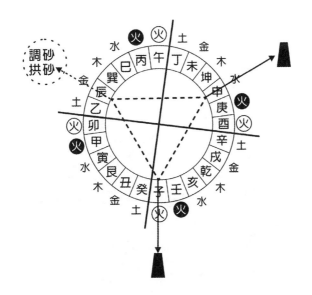

屋宅子山午向為例，外面的右前方申山和後方子山都有高起物，申子辰形成了穩定的共鳴結構，所以申山和子山有明顯的砂，而產生了，也拱上了，或是調出了辰山的「砂」，所以稱為「調砂」或「拱砂」。

辰山不是一個實際的高起物，但是也算是一個砂，

只是實際的作用力不大，或是有潛伏的能量在運作，而辰方屬金，所以有賺暗財的可能性，應驗的年份就在辰年。

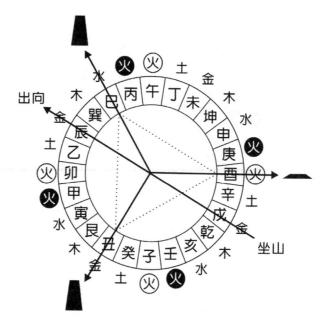

　　以屋宅戌山辰向為例，戌山坐山屬金，前方有兩個高起物，分別是巳山屬水，丑山屬金，依照三合的坐向，巳酉丑的方位，目前酉山是一個平坦的地。但是到了酉年，巳山和丑山兩個高起物就會拱起酉山，而酉山

屬火，火剋金，酉山火剋戌坐山金，該年有煞氣，可能有凶象。

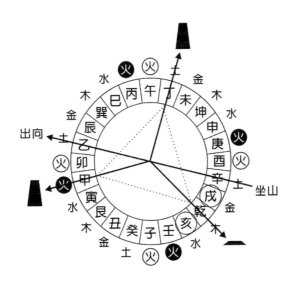

辛山屬土。甲砂屬火。丁砂屬土。兩峰高起。乾砂屬木平伏。太歲至戌亥年（一卦三山戌乾亥）。填實乾砂。甲丁兩位。高砂拱起乾木為煞。主凶。

以屋宅辛山乙向為例，辛山坐山屬土，前方各有兩個高起物，分別是甲山屬火，丁山屬土，依照三合的坐

向，乾甲丁的方位，目前乾山是一個平坦的地。但是到了戌亥年這一年，因為戌乾亥三山構成了一卦，所以就填實了乾山，加上甲山和丁山三合的催動，拱出了乾山一個高起物，乾山屬木，木剋土，乾山木剋辛坐山土，有煞氣，戌亥年可能有凶。

在現實的環境底下，我們經常會遇到，買好了一個心儀的電梯大廈辦公室或是住家，剛買的時候前面是視野廣闊心曠神怡，但是沒幾年，突然有一棟大廈建成，偏偏它就落在您房子對向不好的方位，這不是我們可以解決的，因為我們無法阻止他人買地建屋，我們可以做的，就是根據對向的方位，在室內做一個調整，將不好的氣減緩或消除，或是將好的氣再增加旺氣。

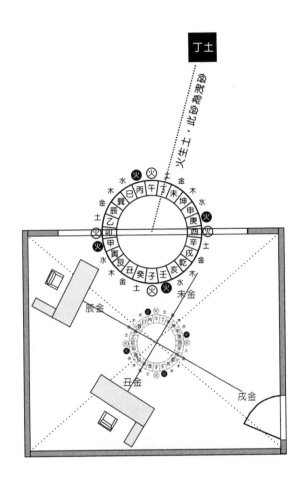

　　以這個辦公室或居家重要聚集房間為例，在電梯大廈一般以向陽面最大面積為主，而不是從電梯出來進入屋內的大門為坐向，在面對外面的窗戶放置羅經量度人盤，是子山午向屬於火行，而在丁山屬土的對面方位出

現了一棟高樓，它的高度要高於您所處的電梯大廈屋頂15度，才有應驗的效果，如果高度過高而應驗更強。

本身是火，對方是土，火生土屬於洩砂，可能會有破財的機率，可能家裡的女孩子有好運而嫁到好人家，因為女孩子是流出去旺在外面；屋內的運流向外面，就要想辦法將洩到外面的運回收進屋內，這時候就要使用相生五行了。

子火生丁土，土生金，所以屋內的神位或是辦公桌就要放在屬於金的坐山，依人盤坐山五行，辰、未、戌、丑是屬金，辦公桌的擺放角度就要調整至辰山或丑山方位，至於未山辦公桌則因為背對窗戶背對外面高起物無法收煞，戌山在門口無法擺置辦公桌而作罷。

辦公桌歸位後，由於在這空間可能有視覺不協調之虞，這時候就要發揮想像力，運用裝潢的手段做修飾，讓整個空間看起來沒有突兀感。

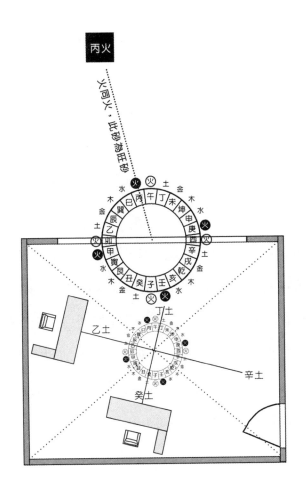

　　如果您所處的電梯大樓的前面，那一棟比您高的大樓所處的方位剛好是和您的坐山五行相同，這就是旺砂，例如從您大窗戶用羅經量度人盤，屋宅是子山午向

屬於火行，而對方的大樓位於丙山也是屬火，同我者為旺砂，旺丁且可能有官貴。

在屋內的神位或辦公桌的擺置，可以是安排在屬火的坐山比旺，但是最好的選擇是生我者為生砂，就是將辦公桌放在屬於土的坐山，因為火生土，造成生砂的效果。

生我者為生砂，有生氣的運且平安，丁財兩旺，所以屋內可選乙、癸、辛、丁屬於土的坐山，目前以乙山和癸山為宜，就是將辦公桌的角度調整到這個坐山的方向，以便收了丙火的旺氣，在屬於土的坐山產生好運勢；至於辛山因為背對入口背對氣口而不宜，丁山也是因為背對窗戶背對外面旺砂大樓而不宜。

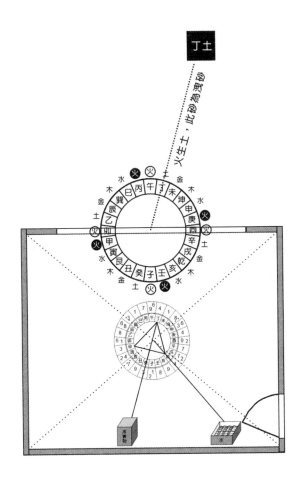

　　收煞的方式還有另外一種，就是使用暗倉水，可以減緩或抵消煞氣，這都是必須依照屋內實際的家具擺設，而且純粹住家沒有神位或辦公桌的情況下，也可考

應用暗倉水來處理。

　　先在面向陽面的大窗戶用羅經量度人盤，得出屋宅是子山午向，而對面比您高的大樓是丁向，在屋內各畫兩條對角線取得中心點，將羅經放在這個位置量度人盤，從丁山開始找三合坐山，得出丁山、甲山、乾山三個坐山，如果當時的運是九運，取其 4-9 河圖合成數，在數字 4 乾山的地方放水盆，或是小水缸魚缸，只要水面的面積比臉還大即可。

　　如果三合的位置沒有 4 或 9 的坐山，就改為第二個方案，在丁山的對面放置高實物，就是在癸山位置。這樣可以把外面不好的砂，在屋內使用暗倉水增加氣運的方式做減緩或抵消。

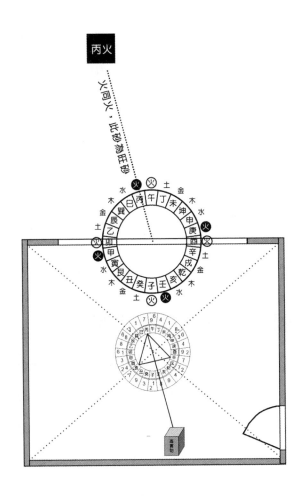

　　相反地，如果外面的砂是好砂，在屋內也可以使用

暗倉水增加氣運。

在子山午向的屋宅，外面的丙山有一棟比您還高的大樓，丙山和子山都是屬於火，同比旺砂。

在屋內的中心點量度人盤，以丙山做三合，得出丙山、艮山、辛山三合，但是這三個坐山的數字都是 7，和當時的九運數字 9 不是合成數 4，所以不能放水。

只能採取第二個方案，找丙山的對面壬山位置，放置高實物，以收暗倉水增強旺砂運勢之效。

（二）淨陰淨陽（使用地盤查看聚水處）

賴布衣發現，當月光投射到地面的水塘，再透過水面反射出來的光譜，經過門窗進入房子，就會造成住宅內的人的腦接收到不同的頻譜頻率，因此，賴公發明了淨陰淨陽輔星水法。他將月亮投射到水面所反射出來的光譜分做陽與陽在一起，他會疊加更大的陽；陰和陰疊加在一起，會產生更大的陰，如果是陽和陰兩個相反的光譜互相疊加就會產生衝突，而成為破碎的能量。

因此賴布衣主張，陽必須純淨（陽＋陽），陰必須純淨（陰＋陰），所以他主張龍山向水都必須是淨陰或是淨陽；在符合淨陰淨陽的條件之下，再搭配九星的特性，才能做出吉凶的屬性和判斷。

賴布衣所使用淨陰淨陽理論是使用地盤量度，因為賴布衣是觀察月亮白道所得的，月亮一天週行二十八分之一，其運行的白道投影到黃道面上，有時候會有大有小，再使用土星木星交會的位置做校正，取一個平均值，就決定以地盤為主。

而地盤的二十四山，賴布衣就將先天八卦的四正為陽，乾坤坎離為陽；四維為陰，兌震巽艮為陰；再依納甲的理論歸入，乾納甲，坤納乙，艮納丙，兌納丁，坎納癸，離納壬，震納庚，巽納辛。以及沒有放入羅盤24山的坎、離、震、兌的所屬地支，坎卦屬水為申、子、辰；離卦屬火為寅、午、戌；震卦屬木為亥、卯、未；兌卦屬金為巳、酉、丑。

因此，獲得了乾（四正），甲（乾納甲）、坤（四正）、乙（坤納乙）、癸（坎納癸）、壬（離納壬）、申（四正坎卦地支）、子（四正坎卦地支）、辰（四正坎卦地支）、寅（四正離卦地支）、午（四正離卦地支）、戌（四正離卦地支），以上 12 坐山為陽。

丁（兌納丁）、庚（震納庚）、巽（四維）、辛（巽納辛）、艮（四維）、丙（艮納丙）、亥（四維震卦地支）、卯（四維震卦地支）、未（四維震卦地支）、巳（四維兌卦地支）、酉（四維兌卦地支）、丑（四維兌卦地支），以上 12 坐山為陰。

在一般的羅盤上，陽坐山就使用紅色底反白字顯示，陰坐山就使用淺色底黑色字表達，所以風水師不必再推算，看到該坐山的顏色即知陰陽，只要兩個相對方符合雙陽（淨陽）或雙陰（淨陰）原則即可。

　　如果是看陰宅就看來龍方向，如果是看陽宅就取向，取得的水分為有形水和無形水，有形水又分為來水、去水和聚水，無形水則低一寸為水，通常實務上以有形水之「聚水」為主，就是有湖、池塘等水聚之處，明顯、明確且應驗較為準確。至於其他水的判斷，則涉及其他的理論，在此不論。

　　賴布衣的輔星水法，操作與內容如下：

163

在屋宅或墓碑使用羅盤量到了出向之後，按照該坐山後天八卦的卦位，依照翻卦的公式取得九星，再依該九星對應聚水的方向是否淨陰淨陽，同時可以斷吉凶和應驗的時間。

翻卦的順序，從坐山的後天八卦的卦位開始，其口訣為：中、下、中、上、中、下、中、上，依這個順序，從第一個坐山的卦依序變卦，例如屋宅是子山午向，午就是後天八卦的離卦，就以離卦開始翻卦，中爻變為乾，下爻變為巽，中爻變為艮，上爻變為坤，中爻變為坎，下爻變為兌，中爻變為震，上爻又變回剛開始的離。所謂的變，就是陽變陰，或是陰變陽。

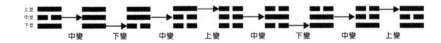

上爻
中爻
下爻

中變　　　下變　　　中變　　　上變　　　中變　　　下變　　　中變　　　上變

剛開始的卦就是輔星，依序為武曲、破軍、廉貞、貪狼、巨門、祿存、文曲，又回到輔星，所以簡稱為「輔

武破廉貪巨祿文」，這八個星有四吉星，四凶星，四吉星為（輔星）、（武曲）、（貪狼）、（巨門）；四凶星為破軍、廉貞、祿存、文曲。依上面的翻卦，其星和卦的排列如下：

為求清楚辨識吉星和凶星，特以括弧標示吉星，如（輔星）是吉星；沒有括弧就是凶星，如破軍是凶星，這樣一看即知。

離卦（輔星）、乾卦（武曲）、巽卦破軍、艮卦廉貞、坤卦（貪狼）、坎卦（巨門）、兌卦祿存、震卦文曲。

再舉一例，再操作一次，以加深了解度。

例如屋宅是乾山巽向，東南方巽就是後天八卦的巽卦，依翻卦口訣為：中、下、中、上、中、下、中、上。就以巽卦開始翻卦，中爻變為艮卦，下爻變為離卦，中爻變為乾卦，上爻變為兌卦，中爻變為震卦，下爻變為坤卦，中爻變為坎卦，上爻又變為巽卦。

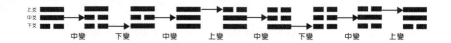

其星和卦的排列如下：巽卦（輔星）、艮卦（武曲）、離卦破軍、乾卦廉貞、兌卦（貪狼）、震卦（巨門）、坤卦祿存、坎卦文曲。

根據八卦和納甲理論，所排列的 24 坐山，有淨陽和淨陰，再配合九星翻卦的排列，茲整理以下的表格：

區分	向	九星 \ 納甲	8（輔星）	6（武曲）	7 破軍	5 廉貞	1（貪狼）	2（巨門）	3 祿存	文
（淨陽）	（乾）	甲	（乾）	（離）	艮	巽	（坎）	（坤）	震	
	（坤）	乙	（坤）	（坎）	兌	震	（離）	（乾）	巽	
	（坎）	癸、申、子、辰	（坎）	（坤）	震	兌	（乾）	（離）	艮	
	（離）	壬、寅、午、戌	（離）	（乾）	巽	艮	（坤）	（坎）	兌	
淨陰	震	庚、亥、卯、未	震	兌	（坎）	（坤）	艮	巽	（乾）	（離）
	巽	辛	巽	艮	（離）	（乾）	兌	震	（坤）	
	艮	丙	艮	巽	（乾）	（離）	震	兌	（坎）	
	兌	丁、巳、酉、丑	兌	震	（坤）	（坎）	巽	艮	（離）	（巽）

我們現在就根據上述乾山巽向的翻卦所得的順序，帶領您完成輔星水法的排盤。

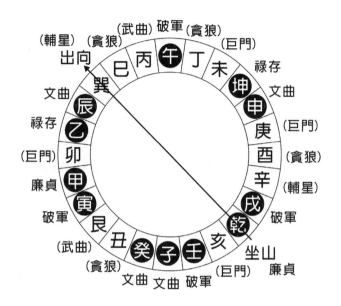

　由於輔星水法的出向一定是輔星，所以巽向的巽山
一定是輔星，如果出向不是輔星就表示您排錯盤面了。

　這次是巽向，後天八卦的巽卦，就找左邊的淨陰這
一欄位的「巽」向，看到巽艮離乾兌震坤坎的順序，然
後逐一比對各卦的納甲，即可安置。

　巽，參照納甲得知是辛，所以在巽山、辛山放輔星；
艮，納甲是丙，所以在艮山、丙山放武曲；離，納甲是
壬寅午戌，所以在壬山、寅山、午山、戌山放破軍；乾，

納甲是甲，所以在乾山、甲山放廉貞。

兌，納甲是丁巳酉丑，所以在丁山、巳山、酉山、丑山放貪狼；震，納甲是庚亥卯未，所以在庚山、亥山、卯山、未山放巨門；坤，納甲是乙，所以在坤山、乙山放祿存；坎，納甲是癸申子辰，所以在癸山、申山、子山、辰山放文曲。

所以上述的表格要隨身帶著，知道出向後，對照該卦的納甲，量度來水的方向，一查照，就知道九星屬性了。

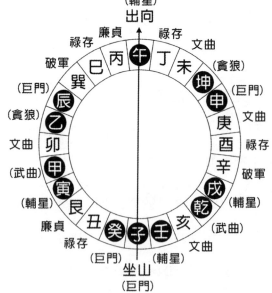

另例。

如果屋宅是坐子向午，午就是離卦，而外面的高起物在未方，未是震卦，查午離卦（第四列）的震卦（在最後一行）是文曲水，而文曲星是凶星，所以屬凶。而且離是淨陽，震是淨陰，兩相撞擊而破碎，沒有受到天星月相光譜能量等的照應，沒有淨陰淨陽，無法獲得好處。

從出向午山是陽，高起物未山是陰，沒有淨陰淨陽，就知道沒有對應天星照應了。

應用到羅盤，就可以對照上面的表格，馬上就可以知道外面聚水位置的九星屬性與吉凶。

輔星水法九星斷語

所謂的七政是貪狼、巨門、祿存、文曲、廉貞、武曲、破軍，而九星則是加上左輔、右弼兩星。

1. （**輔弼**）二水聚明堂，丁財兩旺永安康。歸元水照

鍾靈氣，祿馬朝元五世昌。

輔弼水來潮：房房發達，三房最盛，屍骨潔淨帶米黃色，其色澤光潤。

輔弼二星連為一位，為卦之本體。楊公稱「左輔、右弼」，廖公稱「太陽、太陰」。主官貴，得祿位。慈祥孝友，男為駙馬，女為宮妃，或為命婦。此星又名「伏位」，主貴，乃吉星也。

2. （**武曲**）延年水入懷，水年榮貴佔爲魁。水來長壽多福祿，水去便爲小吉推。

武曲水來潮：長房，晚房人丁興旺，後代聰明，大發人丁久遠，亥卯未，寅午戌年應驗。

武曲為輔弼卦之中爻所變。楊公稱「武曲」，廖公稱「金水」。主科甲，富貴雙全。此星又名「延年」，主益年高壽，乃吉星也。

3. **破軍**煞水在堂前，兒悲兒孫不可言。此水若然汪洋

勢，充軍犯法禍相連。

破軍水來朝：先敗長房，人財田地官非牽連不斷，後代兇暴，女夭男亡，子孫聾啞疾病不斷，巳酉丑，寅午戌年應驗。

破軍為武曲之下爻所變。楊公稱「破軍」，廖公稱「天罡」。主出凶暴之徒，劫掠好訟，聾啞虧體。此星又名「絕命」，故少人丁，犯之而至於絕嗣。

4. **廉貞**躁火勢剛強，吐血紅光招禍殃。水若入懷斜飛去，家財退財死兒郎。

廉貞水來朝：大敗長房，中房敗退，蟲蟻蛇鼠作巢，子孫服腳之疾，肺疾吐血，巳酉丑，亥卯未年應驗。

廉貞為破軍之中爻所變。楊公稱「廉貞」，廖公稱「燥火」。主出人悖逆無禮，狂戾，執拗，欺詐，子孫多劫掠之徒，或為雷傷電斃，或遭虎咬車傷，又主瘟疫吐血之疾。此星又名「五鬼」，乃凶星也。

5. 生氣（**貪狼**）水上堂，催官星照姓名揚。大潮水曲官職重，小水灣環家業昌。

貪狼水來潮：長房先發，後眾房皆發，百子千孫，如逢星峰高聳俊秀早發科甲，如見田塘溪流小水，富貴遲來，如眾水彙聚，環繞有清在明堂，富貴速發而悠遠，甚屍骨潔淨，巳酉丑寅戌年應驗。

貪狼為廉貞之上爻所變。楊公稱「貪狼」，廖公稱「紫氣」。主人丁大旺，且出人聰明孝友，財帛旺盛。此星又名「生氣」，主生財，乃吉星也。

6. （**巨門**）水到福無邊，一堂旺氣發莊田。少年早入青雲路，子孝孫賢福壽全。

巨門水來潮：房房發達，多生貴子，百子千孫，如屬溪坑小水，子孫得福稍遲，如逢江河湖水有情，子孫速發，亥卯未年應驗。

巨門為貪狼之中爻所變。楊公稱「巨門」，廖公稱

「天財」。主忠厚長壽，聰明孝友，出神童，君子得之官貴，小人得之進財帛。凡得巨門之水，主發財富而有壽。此星又名「天醫」，主少疾病，乃吉星也。

7. **祿存**水照定爲災，婦女淫奔私受胎。水若斜飛招大禍，連年退敗是飛灰。

祿存水來朝：先敗長房，子孫聾啞，如見田莊溪流小水，屍骨入泥，十五年蛇蟲咬棺，木根穿內，亥卯未，寅午年應驗。

祿存爲巨門之下爻所變。楊公稱「祿存」，廖公稱「孤曜」。主出人心性愚頑，行事狂妄，離祖過房，絕嗣，男鰥，女寡，淫亂，產死，縊亡，形體殘廢。此星又名「禍害」，乃凶星也。

8. **文曲**遊魂水到堂，風流浪子好顛狂。家財敗盡無衣食，子死妻離散了場。

文曲水來朝：小房五房先敗，子孫懶惰，顛狂，淫亂好賭，家業冷退，屍骨入泥，十二年白蟻食棺，二十四年蛇鼠入棺，木根纏筋骨，亥卯未巳酉丑午年應驗。

文曲為祿存之中爻所變。楊公稱「文曲」，廖公稱「掃蕩」。主淫亂，虛詐多技巧，好賭博，貪酒色，患眼疾，跛足，中風，水厄，失火，離鄉，退財，負債，遊蕩好閒。此星又名「六煞」，乃凶星也。

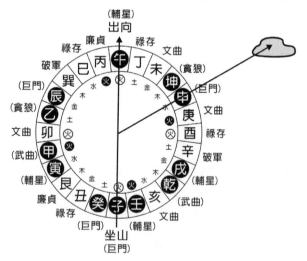

以屋宅子山午向為例，外面的申方有池塘等聚水，

依照表格速查得知是「巨門水」，而出向午位陽向收了申位陽水，符合淨陽的原理，但是午位屬火，申位屬水，水剋火，外面的水剋我，屬於剋砂，有煞氣，血光之災。

但是因為淨陽，有巨門水的好處，水到福無邊，一堂旺氣發莊田。

這是吉水凶砂，有吉祥的應驗，也有不好的剋應，例如獲得一堆錢財，但是可能發生車禍；或是拿了一些大訂單，但是家裡出了大事情或一些災禍。

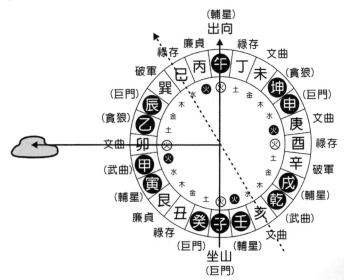

再以屋宅子山午向為例，左邊的卯山有池塘等聚水，依照表格速查得知是「文曲水」，而出向午山陽向卻收了卯山陰水，不合乎淨陰的原理，這不是一個好的砂；但是卯山屬火，午山雖然也是屬火，屬於旺砂，旺丁，平安，催官。

這是凶水吉砂，有好有壞，應驗了好事，但是也伴隨了災禍。

最好能夠改出向，例如改為亥山巳向，巳山陰向收卯山陰水，合乎淨陰的原理，加上巳山屬水，卯位屬火，水剋火，這是奴砂，催財，可能有官爵俸祿，這樣屋宅就有機會得到好事的應驗。

輔星水法有使用手掌掐指的「翻卦訣」，這一部份散見於風水書籍，讀者可以參照。本書不列入，主因是現代社會已經可以使用表格整理，並且可以製作圖表放入手機內，必要時打開查閱即可，快速且方便。

翻卦訣適用於古代風水師只拿羅盤出外，遇到需要計算時就使用手指掐算，在當時的確是一個方便法，如果各位讀者也是習慣此法，可以參照其他書籍，或是網路上也多有傳述，可自學即可學會。

所以，賴布衣的淨陰淨陽是三合水法的進階版，三合水法主要是以三角形的共鳴能量為主，以水聲，聲波與水流產生的能量對應，天星以正三角形的頻率為一種共鳴的狀態，賴布衣則是以月光的偏振與光譜的疊加產生的這種陰陽的變化做進一步的演示。

天星照臨對應砂的吉凶應驗程度

至於屋外的高起物和聚水，既然都很不錯，應驗的時間也到了，但是好像並沒有獲得預期的效果？

這時候就要參照「天星照臨」來評斷應驗的強度或程度了，基本上，天干地支流年關係到天星照臨到地面，屋宅能夠收到多少氣的問題；因此，如果屋宅在這

一年的天干和地支都受到天星照臨，應驗的效應比較可能一如預期般地靈驗。

如果天干和地支都沒有受到照臨，這一整年本來是好水，其應驗的程度大約要打折，大約 60-80% 的應驗程度。

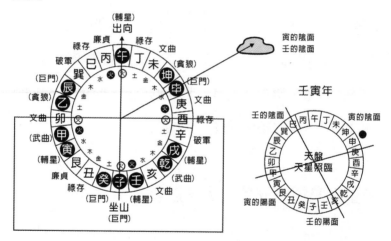

以壬寅年為例，屋宅坐子向午，外面的聚水在申山，有吉水凶砂的剋應，好壞參半，該年正位於壬的陰面和寅的陰面，天干和地支都沒有收到天星照臨的正面效應，所以好的事情會打折，而凶砂代表的壞事發生的

機率很高。

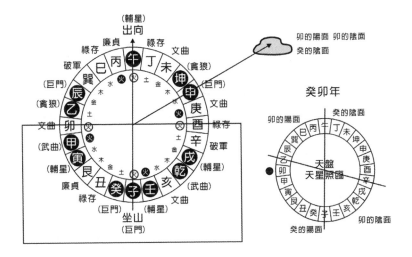

　　再以癸卯年為例，屋宅坐子向午，外面的聚水在申山，有吉水凶砂的剋應，好壞參半，該年正位於癸的陰面，卯的陽面和陰面參半，只有地支稍微照臨到天星，天干並沒有，所以好的事情還是會打折，而凶砂代表的壞事發生的機率不會減少。

淨陰淨陽輔星水法現實店鋪選擇方法

在實際的街道選擇店鋪，或是選擇一至三樓的住家時，淨陰淨陽輔星水法也可以做重要的參考，由於這牽涉到來水的聚水點，所以街道「水流」所影響的範圍頂多到三樓，至於四樓以上就不需要參照輔星水法，因為地面車輛人員流動的作用力不大了。

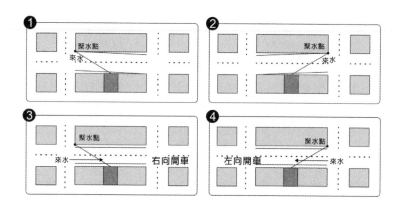

　　茲以簡單的街道平面圖介紹一些觀念，從中間下方的店鋪的位置來看，圖1是左高右低的斜坡，整個街道流水是從左至右，所以來水聚水點在左方，那是兩條街

道水流的交會處，如果要量度準確的聚水點，就量測交會屋角的那一點。圖2是右高左低，所以聚水點就是右方兩條街道水流的交會點。

圖3和圖4是平坦的街面，一般的街道都是大多是平面道路，這時候就看屋前的車流情況，如果是單行道就很明顯，肯定是來車處就是來水處；如果是兩線車道，就要看是處在哪個國家，如果是右向開車，車子是從左方經過屋前，來水處就在左方的聚水點，如果是左向開車就在右方聚水點。

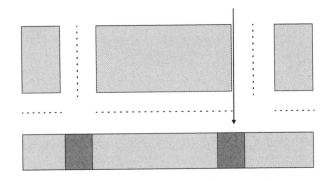

如果屋宅店鋪在丁字路正對面，俗稱路沖的位置，如果當運是很好，當然也帶有路沖的問題；如果是對面

的屋宅橫切面劃入屋宅中央，俗稱壁刀，這是形煞，當運時也會賺錢，但是隨時都要提防可能有血光之災。屋宅很難有全好全壞，有時都是好壞共時，因為整個氣運流動是多元而複雜的，有好的氣流，也會伴隨一些不好的波。

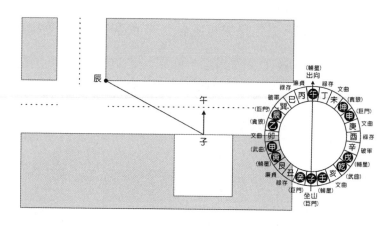

　　輔星水法看屋宅是看出向，這間屋宅是坐子向午，所以看午山輔星水，聚水處是辰山，合乎淨陰淨陽的原理，來自陽面的氣獲得了加乘的能量。

　　而巨門水曾有云：水到福無邊，一堂旺氣發莊田。

少年早入青雲路，子孝孫賢福壽全，在亥卯未年應驗，依照輔星水法，這個店鋪或住家的位置是適當的。

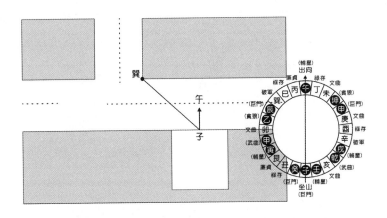

屋宅的坐向是一樣，但是街道和屋宅位置稍有不同，所量度的聚水處是巽山，這不合乎淨陰淨陽的原則，所得到的是破碎的能量，無法發揮作用。

加上，破軍水的描述如下：破軍煞水在堂前，兇悲兒孫不可言。此水若然汪洋勢，充軍犯法禍相連。這個店鋪或住家的位置不太適當，在特定的時間會有一些災禍發生之虞。

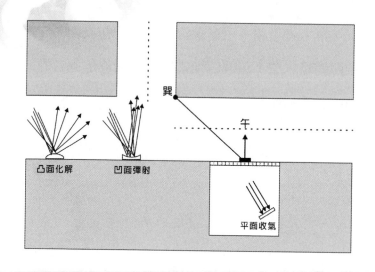

　　遇到這樣的情況，為了要阻擋煞水來襲，通常會在屋宅的門楣中央上方擺置凸面鏡，這個凸面鏡的尺寸大小是整個一樓門面寬度的九分之一強，就是凸面鏡的直徑比屋宅寬度的九分之一還要大一些。

　　以鏡面而言有三種，一是凸面鏡收到化解的效果，因為光線或波射過來以後，凸面會散射，將過來的光束或波進行散發而化解；而凹面鏡盡量不用，但是因為凹面有彈射的效果，光束或波射過來，會彈射到某處，致

使遭到彈射的對面某屋宅受傷，可能造成別人一些無妄之災，因此盡量不用。

至於平面鏡，一般都是在屋內做吸納收氣之用，而不是使用在屋宅外面化解煞氣。

（三）天地四遊

再論「天地四遊」，這是古人利用天文的觀測發現經星的位置是固定不變的，也就是說經星距離北斗的相對位置是固定不變的，因此，古代有所謂的《步天歌》，就是在描述如何觀測天象，就從北斗開始去尋找每一顆星星的位置。

《步天歌》是一部以詩歌的形式介紹全部天星的著作，現在有多個版本傳世，據說最早版本始於唐代，但是最廣為人知的就是鄭樵《通志・天文略》版本，這個版本稱為《丹元子步天歌》。

以《丹元子步天歌》為例，以三垣二十八星宿為主

體，共有三十一區，介紹每一區包含的星官，描述恆星數目和它們的位置，歌詞以七言壓韻詩歌形式編撰，全篇 373 句總共 2611 字，簡潔通俗，朗朗上口，容易記誦。

以東方蒼龍七宿的角宿和亢宿為例：

角宿：南北兩星正直懸，中有平道上天田，總是黑星兩相連，別有一烏名進賢。平道右畔獨淵然，最上三星周鼎形，角下天門左平星，雙雙橫於庫樓上。庫樓十星屈曲明，樓中柱有十五星，三三相著如鼎形，其中四星別名衡，南門樓外兩星橫。

亢宿：四星洽似彎弓狀，大角一星直上明，折威七子亢下橫，大角左右攝提星，三三相對如鼎形。折威下左頓頑星，兩個斜安黃色精，頑西二星號陽門，色若頓頑直下存。

步天歌所描述的經星，有時會因為不同的季節有些星星數不到，因此，依據四個不同季節，發現星宿之間的位置會有時看得到，有時看不到，因此有所謂的天地

四遊的說法。以蒼龍七宿的角宿為例，在農曆十一月就看不到，所以在乾卦初九就寫道「潛龍勿用」，到了二月二龍抬頭，蒼龍七宿的角宿冒出了地平線上，角宿有兩顆星，「南北兩星正直懸，中有平道上天田，總是黑星兩相連」，其中的天田星冒出頭，所以乾卦九二的爻辭寫道「見龍在田，利見大人」。

所以，古人觀星是以北斗為主，畫出經線，確定各相對經星的位置之後，再畫出緯線，所有星體就此定位。

24 天星由於流傳的不同，有多種不同的名稱，不同的羅盤也有不同的盤式。賴文俊《催官篇》的 24 天星為：天帝、陽光、天道、天廚、天市、天桔、天苑、天命、天官、天罡、太乙、天屏、天微、天馬、天柱、天常、天鉞、天關、天漢、少微、天魁、天廄、天皇。

正如唐朝寒山禪詩有詩曰：眾星羅列夜明深，岩點孤燈月未沉；圓滿光華不磨瑩，掛在青天是我心。這首

詩的意境直指了天星派的風水理念，天人合一，天地即是我心；相對地，我心對應天星，善用可以增福或是避災。

從天文的角度去對應地理，在坊間流傳的羅盤裡面，有所謂的 24 天星或稱龍樓 24 天星。

以龍樓為 24 天星的次序之首，所以稱為龍樓 24 天星：龍樓、玉葉、八武、帝座、鸞駕、天吊、鳳閣、金箱、鬼劫、將軍、功曹、天罡、寶殿、金枝、炎烈、龍墀、帝輦，天殺，寶蓋，玉印，劫殺，華蓋，值符，地殺。

由於寓意清楚，從字意就可以明瞭剋應的屬性和人事情況，所以才會廣傳於坊間。

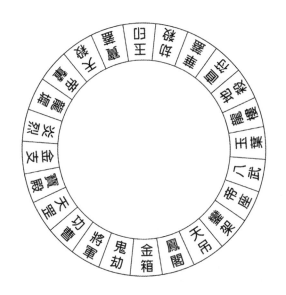

天元龍：乾，坤，艮，巽，子，午，卯，酉。

人元龍：乙，辛，丁，癸，寅，申，巳，亥。

地元龍：甲，庚，壬，丙，丑，未，辰，戌。

　　這是初步的定位，至於天星的排列，依據天地四遊的現象，以及三元九運的理論，每一運的天星排列有一定的規律。

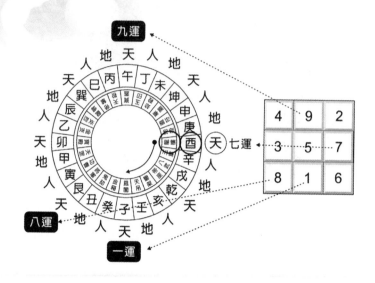

　　二十四方天星口訣：以龍樓安上元運當旺之天元
龍，然後順排八方得二十四方天星圖，這樣在各元運盤
上判斷吉凶。一運龍樓在子，二運龍樓在坤，三運龍樓
在卯，四運龍樓在巽，六運龍樓在乾，七運龍樓在酉，
八運龍樓在艮，九運龍樓在午。這樣天罡星就在龍樓對
立的地元龍位上。

　　以八運為例，八運龍樓在艮字順排八方得二十四方
天星圖；而九運之時，龍樓就在午。

有說，五運的前十年寄在四運巽，後十年寄六運在乾，可參考。

八運的排序：龍樓（艮）、玉葉（寅）、八武（甲）、帝座（卯）、鸞駕（乙）、天吊（辰）、鳳閣（巽）、金箱（巳）、鬼劫（丙）、將軍（午）、功曹（丁）、天罡（未）、寶殿（坤）、金枝（申）、炎烈（庚）、龍墀（酉）、帝輦（辛），天殺（戌），寶蓋（乾），玉印（亥），劫殺（壬），華蓋（子），值符（癸），地殺（丑）。

九運之時，龍樓在午，依順時針排序。

凡是該運的各星遇到天元龍者，有機會出權威人物；遇到人元龍則是中層人物，例如遇貴人，生貴子等；遇到地元龍，如果理氣不合三吉五吉位，則容易出現小人，或是遇到惡霸，或是遭致災禍等事。

每一個天星也有代表的人事含意，古人在命名天星時，其實已經將其意涵化在名稱上面了。

龍樓(領導人才)、玉葉(男性高階人物)、八武(好勇鬥狠,離家出走)、帝座(王公巨卿)、鸞駕(女強人、第一夫人)、天吊(自縊、自毀)、鳳閣(女強人、名女人)、金箱(掌財政,司庫)、鬼劫(無故破財,遭賊入屋打劫)、將軍(元帥,將領)、功曹(通訊,偵查,傳遞)、天罡(車禍,災禍,橫禍)、寶殿(副領導人才)、金枝(女性金枝玉葉)、炎烈(暴躁,鬥毆,打罵兒女)、龍墀(御花園,農業主管)、帝輦(運輸業主管),天殺(遭天難,墜機,土石流傾瀉死亡),寶蓋(護衛人員),玉印(掌管帥印),劫殺(遭盜賊搶劫),華蓋(聰明,國防部長),值符(掌管刑部,法官,律師,警司),地殺(遭樓塌,土石流傾瀉,礦坑倒塌而亡)。

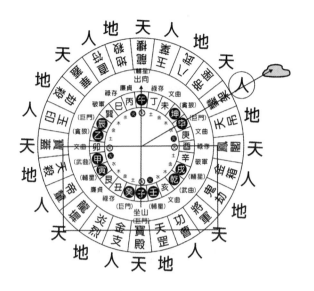

　以屋宅坐子向午為例,九運龍樓在午,聚水在申位巨門水,一堂旺氣發莊田,又是淨陽,加以龍樓24星的排列為「鸞駕」,有女強人或第一夫人的機運,但是因為是遇到「人元龍」,所以就在中層階級,例如遇到貴人、生貴子等,如果流年都有天星照臨的陽面,這個家的女性很可能會有突出顯耀的表現,女性遇到貴人,或是遇到女貴人。

　但是目前是申山水剋我子山火,還是會有招禍財敗

的可能性，或許，這位傑出的女性揚名在外，但是家裡出事；如果屋宅的坐山改變，造成了我生者洩砂，例如坐丑向未，金生水，洩砂就是旺女丁，女性嫁出去旺了夫家，配合「鑾駕」的天星催應，這屋宅是很有可能出現高官夫人，但是夫家並沒有任何好處。

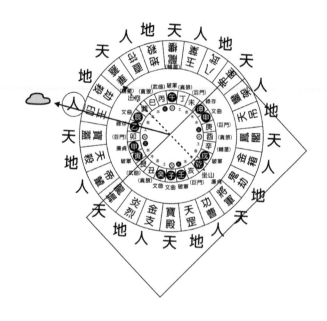

再以屋宅乾山巽向為例，九運龍樓在午，左邊的乙山有池塘等聚水，依照表格速查得知是「祿存水」，沒

有淨陰淨陽，獲得的是一個破碎的能量；而巽山屬木，乙山屬土，木剋土，這是奴砂，催財，可能有官爵俸祿，但是沒有淨陰淨陽，所以好事的應驗機率就比較小。

配合人元龍玉印的照應，有機會獲得中階主管的機會，玉印是帥印也屬於主管。

這屋宅的凶水祿存水要預防婦女和長房的問題，因為沒有淨陰淨陽的能量，所以壞事應驗的機率提高，即使是女性或長房因為玉印而獲得中階主管的職位，但是災禍應驗仍然要提防。

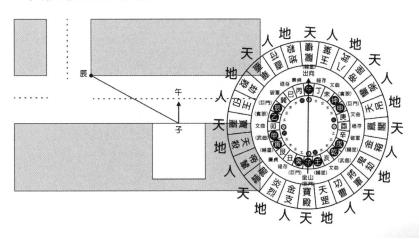

應用到實際的街道看店鋪或住家，這間屋宅是坐子向午，所以看午山輔星水，右面來車而兩街道流水之聚水點是辰山，合乎淨陰淨陽的原理，來自陽面的氣獲得了加乘的能量。

而巨門水曾有云：水到福無邊，一堂旺氣發莊田。少年早入青雲路，子孝孫賢福壽全，在亥卯未年應驗，依照輔星水法，這個店鋪或住家的位置是適當的。

午山屬火，辰山屬金，火剋金，我剋者為奴砂，有財帛財氣，催財，可能有官爵俸祿，可能勞碌生財，稱為奴砂半吉凶。

但是遇到地元龍劫殺，可能會遭到盜賊搶劫的機率，也就是說，發財，但是可能被搶，搶有明搶暗搶，大多是底層的人如地痞流氓，或是基層公務員的惡行，要當心。

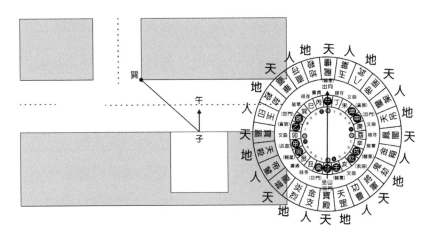

　　有多種理論相呼應，比較能夠反映實際的情況，通常如果只依靠一個理論斷風水，經常無法解釋好壞相混的情況，如果我們能夠多使用在同一個大體系之下的多種特定目的所發展的小系統，在相互交疊之下，所呈現的才會趨於完整。

　　一樣的街道，在隔壁的屋宅的坐向也是一樣，但是街道和屋宅位置稍有不同，就有不一樣的結果，這就好像是熱門的店只有那一間，而旁邊的店就是生意差，是一樣的道理。

這個屋宅所量度的聚水處是巽山，相對於出向午山，這不合乎淨陰淨陽的原則，所得到的是破碎的能量，無法發揮作用。

加上，破軍水的描述如下：破軍煞水在堂前，兇悲兒孫不可言。此水若然汪洋勢，充軍犯法禍相連。這個店鋪或住家的位置不太適當，在特定的時間會有一些災禍發生之虞。

但是遇到天元龍華蓋，表示人很聰明，有機會擔任高階職位如國防部長，可是不是位於淨陰淨陽的能量加持之下，即使僥倖擔任高階職位掌握大權，仍有可能會出問題。

第五章

神煞擇日

五、神煞擇日

　　在天星照臨的同一個體系之下，在整個宇宙星體運行引力牽引的大環境底下，地球的人事變化似乎依據了某個原則運作，在空間方面我們已經討論很多，就是希望能夠在天星照臨和地球磁場的多重影響之下，找出最適合提升能量或運勢，或是增強好的磁場，抵消或降低壞的波形，讓我們可以順勢躍起，甚至可以藉著氣運乘風而上。

　　當我們知道要如何安置生活環境當中的動線與家具等配置，要何時擺放更能夠合乎在這個時空之中的最佳安排？這個時間因素，就是俗稱的擇日，也是大家最關切的問題之一。

　　首先，我們必須把視野再拉大拉遠一點，從高空看太陽系和地球的運作，人只不過是在這個地球星體裡

面，一些遵循著大原則運行的極小個體，一些星體的運作規則讓非常聰明的先賢發現，從而產生了很多的理論，例如八字，就是經常應用於大眾問命的理論。

　　一個人的出生，和祖先有不可分離的連帶關係，和祖先的主墳風水也有關聯；也就是說，祖先和子孫的一脈相承，是可以在祖墳、陽宅風水找到關聯性的，有好的祖墳就有機會有傑出的後代，配合這個風水格局就會誕生八字特好的下一代。

　　所以，八字和風水同時在天星照臨的脈絡之下，從風水的角度看屋宅主人的八字，坐山來龍依生年而定，出向看生月，最接近主墳最後一節龍脈之入首龍以生日為主，而出向水局則觀生時。以八字的年月日時而言，要找神煞擇日優先找生年，其次找生日，只有找「年和日」的天干地支，而不取月和時。生年應驗大，生日應驗小，如果要找文昌，從生年找的就是大文昌，從生日找的就是小文昌。

　　神煞擇日也是屬於陰陽交感的範圍，從屋主的八字（陰）去應陽宅（陽）的配合日期，實現了人在這自然大空間的時間對應，這時間也是在天星照臨的運作體系之下，空間和時間的完美搭配。

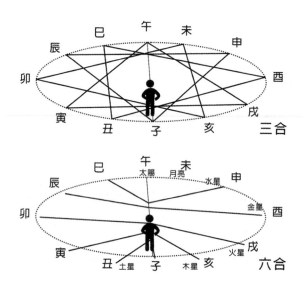

　　在追尋人和這空間互動的最佳時間點，經常使用的就是三合和六合，三合是星體星象最穩定的結構，無論是用時鐘或羅盤去畫寅午戌、巳酉丑、亥卯未、申子辰，

都可以得到日月星的正三角形穩定形狀；當我們量度到坐山是申，依三合就是申子辰，而以坐山申時最佳，因為太陽的感應力一天的應時最大，所謂的太陽到山，所以挑選申時，另外的子和辰，則選擇辰月子日，或是子月辰日，在年月日三合的情況，找到最佳的時間對應點。

如果用三合無法找到合適的日子，也可採用六合，巳申合水，所以也可以挑選巳日做擇日參考。大致上都是在三合找不到的時候，就轉而去尋找地支六合，或是天干五合，以找到共鳴的最佳時刻。

三光擇日原則與方法

三光，就是日月星，一為日干支，二為月干支，三為時干支，星為星辰，時辰就是時干支。

擇日的最首要任務是確定主事者，如果是屋主就是查生年的干支，如果要安神位就查神位的坐山；確定主

事者的干支之後，先避災，找出相沖、相刑、相刃、空亡的日子；接下來才找天干三合和地支三合，其次再看天干五合和地支六合，這些合適的日子就是百煞不侵的日子。

相沖者，就是子午沖、丑未沖、寅申沖、卯酉沖、辰戌沖、巳亥沖。

相刑者，就是子卯相刑、未丑刑、未戌刑、丑戌刑、寅申刑、辰辰自刑、午午自刑、酉酉自刑、亥亥自刑。

相刃者，請參照後面羊刃說明。

空亡者，請參照後面空亡列表。

天干三合，羅盤二十四山的正三角形三坐山。

地支三合，申子辰合水，寅午戌合火，巳酉丑合金，亥卯未合木。

天干五合，甲己合化土，乙庚合化金，丙辛合化水，丁壬合化木，戊癸合化火。

地支六合，子丑合化土，寅亥合化木，卯戌合化火，辰酉合化金，巳申合化水，午未合化土。

例一：

屋主壬寅年，想要擇日查吉日。

相沖，寅申沖，不取申日。相刑，寅申刑，還是不取申日。相刃，子為羊刃，午為箭刃，子午兩日不取。壬寅的空亡是辰、巳，所以辰巳兩日不取。

以上，申、子、午、辰、巳日不取。

天干三合，羅盤正三角形三坐山，壬乙坤，寅午戌，坤可以去納甲，坤納乙，也可以不取納甲之日。地支三合，寅午戌。天干五合，丁壬兩日。地支六合，寅亥兩日。

以上，壬、乙、寅、戌、丁、壬、亥日可以用。午日是箭刃不取。

接下來，就可以參照後述的堆貴和堆祿，以及建除

十二神，找出更好的吉日。

例二：

屋主想要安神位，神位是寅山申向。首先，寅的對沖是申，所以不取申日。

相沖，寅申沖，不取申日。相刑，寅申刑，還是不取申日。

以上，申日不取。

天干三合，羅盤正三角形三坐山，寅午戌日。地支三合，寅午戌。地支六合，寅亥兩日。

以上，寅、午、戌、亥日可以用。

接下來，就可以參照後述的堆貴和堆祿，以及建除十二神，找出更好的吉日。

天干找地支之堆貴或堆祿

堆，就是堆放拿取的意思，從天干找地支貴人方，就是堆貴，在這個來龍貴人方放置陽性能量高起凸起物，或是鐘鼎水晶等顯示官貴之物，以拿取顯貴名聲等好運勢；從天干找的祿神地支，就是堆祿，放置陰性能量的凹入物，例如寶瓶容器或是水族箱，以拿取財富等好財運。

同理，在這空間的實際決策者，屋主或是公司負責人，他的八字生年的天干，如果找不到合適的日子就退而去找八字生日的天干，以生年壬寅年為例。就以天乙貴人尋找，口訣：甲戊並牛羊，乙己鼠猴鄉，丙丁豬雞位，壬癸兔蛇藏，庚辛逢虎馬，此是貴人方。

壬的貴人方是兔(卯)和蛇(巳)。

在這空間裡面要放高起物，就查農民曆的卯日或巳日，或是其三合組合，例如巳日的三合是巳酉丑，就挑選丑年酉月巳日的農曆月日組合放置高起物；如果沒

有，也可以考慮六合，例如巳申合水，申也是可以考慮的月份或日期。

改用祿神歌訣：甲祿在寅，乙祿在卯，丙祿在巳，丁祿在午，庚祿在申，辛祿在酉，壬祿在亥，癸祿在子。

壬的祿方在亥，在這空間裡面要放凹入物或寶瓶水族箱，就挑選亥日。

地支找天干之進貴

以屋主的八字壬寅年為例，寅是十二生肖虎，在天乙貴人是「庚辛逢虎馬」，天干庚辛是進貴。

結合上述的堆貴卯巳，您可以找辛卯日、辛巳日。

或是使用天干五合，這是五行力量的集結，就是甲己相合為土，乙庚相合為金，丙辛相合為水，丁壬相合為木，戊癸相合為火。

由於丁壬合，所以可以找丁卯日、丁巳日，這是進

貴加上堆貴的日子，最為適宜；如果無法配合，就選卯日或巳日；如果日子並不適當，則可以改選丁日、辛日。

上述的天干找地支堆貴堆祿，或是地支找天干進貴，除了使用在擇日之外，也可以用在空間的選擇，每一個干支大多有空間的定位安排，找到該位置並配以暗倉水法所建議的位置，如果兩者相符則是最好的上選位置。

神桌神位的催運祕法

這是師傅秘傳的簡單速效法，只要在家裡的神位依照特定的時間清潔神桌，上香，祈禱，在這三合的穩定結構當中，催動神位坐山的共鳴；依照風水師指引的實務經驗，只要連續在特定時日上香祈禱三次，應驗的效果來得很快。

或是要安神位，移走神位，神位換位，清理清潔神位，都可以依照這特定的時日進行。

　　拿羅經在神位上量度，假設神位本身的坐山是乾山，依照三合是乾、甲、丁，神位催運不採納甲，所以乾山不是天干地支沒有時日，不去看納甲；現在只剩下甲山和丁山可以使用，那就是甲日丁時，或是丁日甲時。

　　然而時辰大多是以地支表示，這時候就要使用「五鼠遁」（五鼠遁元之簡稱）用天干去找地支。這經常用於推算八字的時柱，在風水擇日方面也可以應用。

　　甲己還加甲，乙庚丙作初。

　　丙辛從戊起，丁壬庚子居。

　　戊癸起壬子，週而復始求。

　　一個時辰有兩個小時，所以擇日的時候以時辰標示，在現實的環境就有兩個小時的時間，這個口訣之所以稱為五鼠遁，因為全部都是從「子時」起頭的，子在十二生肖屬鼠，五段都是子鼠開始，所以稱為五鼠遁。上述口訣的釋義如下：

甲己還加甲——逢日干是甲或己的日子，子時的時干從甲上起！

　　乙庚丙作初——逢日干是乙或庚的日子，子時的時干從丙上起！

　　丙辛從戊起——逢日干是丙或辛的日子，子時的時干從戊上起！

　　丁壬庚子居——逢日干是丁或壬的日子，子時的時干從庚上起！

　　戊癸起壬子——逢日干是戊或癸的日子，子時的時干從壬上起！

　　先看以下所表列的「五鼠遁日起時表」（日上起時表），對照上面所提的釋義，您應該就可以了解全部的內容。

出生時間 出生日干	23~1 子時	1~3 丑時	3~5 寅時	5~7 卯時	7~9 辰時	9~11 巳時	11~13 午時	13~15 未時	15~17 申時	17~19 酉時	19~21 戌時	21~23 亥時
甲己	甲子	乙丑	丙寅	丁卯	戊辰	己巳	庚午	辛未	壬申	癸酉	甲戌	乙亥
乙庚	丙子	丁丑	戊寅	己卯	庚辰	辛巳	壬午	癸未	甲申	乙酉	丙戌	丁亥
丙辛	戊子	己丑	庚寅	辛卯	壬辰	癸巳	甲午	乙未	丙申	丁酉	戊戌	己亥
丁壬	庚子	辛丑	壬寅	癸卯	甲辰	乙巳	丙午	丁未	戊申	己酉	庚戌	辛亥
戊癸	壬子	癸丑	甲寅	乙卯	丙辰	丁巳	戊午	己未	庚申	辛酉	壬戌	癸亥

　　以上述的甲日丁時，丁日甲時的案例來看，目前要解決的是天干丁時和甲時應該對應於實際的地支時辰，這時候就可以使用五鼠遁日起時表查詢。

　　甲日丁時，就在甲日天干「甲己」這一列，找丁的時辰，這裡顯示「丁卯」時，所以就在甲日卯時。

　　丁日甲時，查詢丁日天干「丁壬」這一列，找到甲的時辰，顯示出「甲辰」，所以就可選擇丁日辰時。

　　另例。

假設神位的坐山是申，三合就是申子辰，以申時為優先考量，因為考慮到坐山申的感應力最強的就是每天太陽走到申時的能量，另外兩個坐山可以放在月日，例如辰月子日申時，或是子月辰日申時。

如果日子都不適當，這時候就可以再引用六合，還是以神位坐山申為主，申巳合，所以挑巳時也可以達到共鳴的作用。

魚缸擇日催運

當我們依照本書的各種理論挑選適當的位置可以擺放魚缸，或是比人臉大的水面盛水物或水盆，擇日還是優先使用三合。

在該空間 (例如客廳) 的中央處拿羅經量度，測得該魚缸位於亥位，再看屋主或實際掌握決策的人的生年，看這生年的地支，假設是壬寅年出生，寅亥六合，所以屋主生年地支和魚缸是合氣的。

所謂的地支六合，是寅亥、巳申、子丑、辰酉、卯戌。

第一個選擇就是挑選亥日，因為魚缸的位置和屋主生年相合。

第二個選擇是另外的三合，亥卯未，可以挑選卯日或未日。

如果屋主的生年地支和魚缸的坐山或三合都沒有搭上，這時候也可以使用生年天干去找天乙貴人。

口訣：甲戊並牛羊，乙己鼠猴鄉，丙丁豬雞位，壬癸兔蛇藏，庚辛逢虎馬，此是貴人方。

以屋主壬寅年生年為例，天干壬的貴人是卯（兔）巳（蛇），所以可以挑選亥日卯時，因為亥卯未三合，而天乙貴人也有卯，所以挑選卯是一個絕佳的選擇。

另外，也可以查閱天干五合，丁壬合，配合三合亥卯未，可以考慮挑選丁未時，也是一個不錯的時間。

避開空亡的空間和時間

　　空亡可以視為天星不照臨，也可以稱為太歲照顧不到，因為十天干搭配十二地支，就有兩個地支被遺忘了；所以這兩個地支空亡，表示虛無、不實在、沒有、消失的意思，相對地應驗的力量就會削弱很多。

　　這有兩種意義，如果是好運至少會減一半的效能，但是如果是衰運也會減弱，事物是相對的；所以空亡的空間或時間不放增添運勢的物品或行為，因為催吉的力量都空，貴人的助力也會參半而已。但是卻可以擺置煞氣或促使衰運的物品，可以化空，因為煞氣也會減弱，可以放垃圾桶，馬桶或廁所位置，用以避災、擋煞、除病等。

　　《神白經》曰：「空亡空亡幾多般，十干不到作空看。」《洞玄經》云：「到了盡處，無就產生了。」所以空亡這個位置沒有爵祿，叫做空；有地支而無天干，叫做亡。

　　至於空亡的起算方法如下：

　　十天干代表十年或十天，從「甲」開始十天干走一次就是一旬，全部走完就是六旬六十天，俗稱「六甲干支」，每一旬都有兩個地支無法搭配到天干，這兩個地支就叫「旬空」或「空亡」。

　　由底下列表得知，第一列的甲子旬，從第一個甲子開始順排到第十個癸酉，天干已經排盡，但是地支還缺了「戌、亥」；第二列從第一個甲戌開始順排到第十個癸未，天干已經排盡，但是地支還缺了「申、酉」。所以第一列甲子旬的空亡是「戌、亥」，第二列甲戌旬的空亡是「申、酉」。

　　因此，成了以下的說詞：甲子旬中「戌亥」空，甲戌旬中「申酉」空，甲申旬中「午未」空，甲午旬中「辰巳」空，甲辰旬中「寅卯」空，甲寅旬中「子丑」空。

六甲干支										空亡
甲子旬	甲子	乙丑	丙寅	丁卯	戊辰	己巳	庚午	辛未	壬申	癸酉	戌、亥
甲戌旬	甲戌	乙亥	丙子	丁丑	戊寅	己卯	庚辰	辛巳	壬午	癸未	申、酉
甲申旬	甲申	乙酉	丙戌	丁亥	戊子	己丑	庚寅	辛卯	壬辰	癸巳	午、未
甲午旬	甲午	乙未	丙申	丁酉	戊戌	己亥	庚子	辛丑	壬寅	癸卯	辰、巳
甲辰旬	甲辰	乙巳	丙午	丁未	戊申	己酉	庚戌	辛亥	壬子	癸丑	寅、卯
甲寅旬	甲寅	乙卯	丙辰	丁巳	戊午	己未	庚申	辛酉	壬戌	癸亥	子、丑

以屋主生年壬寅年為例，經查詢上表得知壬寅年落於第四列甲午旬之內，空亡是「辰、巳」，所以在空間而言，屋內的中心點拿羅經量度，在辰、巳兩個坐山不要放貴重的東西，因為就是放了也難有好運到來。但是可以擺放髒東西、罰單等代表穢氣的物品。就時間而言，辰月或辰日，巳月或巳日，最好不要挑選去做安置物品的日子。

　　所謂的陽年怕陽空，陰年怕陰空，天干有陽陰之分，陽天干是甲丙戊庚壬，陰天干是乙丁己辛癸，所以壬寅年的空亡「辰巳」，以「辰」的殺傷力最大，因為「壬」陽年怕「辰」陽空。

　　如果更加考究的話，要選擇合適的房子，屋主生年的空亡方不要開門，例如以屋主壬寅年生就不要選屋宅的門開在辰山和巳山，否則容易好事成空，或是遇到一些難以料想的怪事。

　　如果家裡有神位，就可以拿羅經量分金，從地盤二十四山來看，每一坐山分為五等分，所以總共有120分金；在一般羅經是安排在天盤的外面那一圈，畫有五個等分，各標示兩個天干地支。

　　以子山為例，其五個分金分別是甲子、丙子、戊子、庚子，壬子，但是因為實際製作羅經的字數過小難以全部刻寫，所以有些羅經只會在五個分金當中，只寫出兩個，以子山為例，只會寫「丙子」和「庚子」，由於這

五個天干都屬陽，所以就可以類推沒有寫出來的分金。

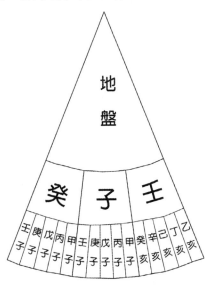

當我們在神位量度羅經，神桌的坐山是子山分金丙子，就去查詢丙子的空亡，落於第二列甲戌旬空亡是「申、酉」，所以在這個空間的申山和酉山不適合開門。

這個方法也可以量度辦公桌，以查看辦公空間的開門位置，但是在實務操作上有難度，因為辦公桌有很多金屬或是環境的嚴重干擾，經常很難量度準確的分金，

如果能夠克服這個問題，也可以當作開門位置的參考。

羊刃避開血光之災

如果家裡要擺放尖銳、剪刀、刀架等物品，就要考慮到羊刃、箭刃的問題。

口訣：祿前一位刃，對沖箭。

甲祿在寅，祿前為卯（羊刃），對沖為酉（箭刃）；

乙祿在卯，祿前為辰（羊刃），對沖為戌（箭刃）；

丙祿在巳，祿前為午（羊刃），對沖為子（箭刃）；

丁祿在午，祿前為未（羊刃），對沖為丑（箭刃）；

戊祿在巳，祿前為午（羊刃），對沖為子（箭刃）；

己祿在午，祿前為未（羊刃），對沖為丑（箭刃）；

庚祿在申，祿前為酉（羊刃），對沖為卯（箭刃）；

辛祿在酉，祿前為戌（羊刃），對沖為辰（箭刃）；

壬祿在亥，祿前為子（羊刃），對沖為午（箭刃）；

癸祿在子，祿前為丑（羊刃），對沖為未（箭刃）。

這是以屋主生年來看的，以壬寅年為例

壬祿在亥，在這空間的亥山位置可以堆祿，安置彌勒佛、寶瓶、撲滿等凹形容器，以裝滿祿財。

祿前為子，亥的前面是子，這個空間的子山是羊刃，不適合放置尖銳鋒利的物品，或是過於陽剛感覺的物件，如果真的放了這些東西，在其申子辰三合日，或是申子辰月容易應驗血光。

對沖為午，子的對方是午，在這空間的午山是箭刃，屬於暗箭，應驗犯小人或開錯刀，不適合放置尖銳鋒利的物品，否則也會在其寅午戌三合的月日應驗。

九星避災

在農民曆上每天都有輪值的九星，每年每月每日都按照一定的順序排出，所謂的九星就是：一白水星貪狼、二黑土星巨門、三碧木星祿存、四綠木星文曲、五黃土星廉貞、六白金星武曲、七赤金星破軍、八白土星左輔、

九紫火星右弼，這是根據三元氣運編列的。

九紫	八白	七赤	六白	五黃	四綠	三碧	二黑	一白	值星
五黃	四綠	三碧	二黑	一白	九紫	八白	七赤	六白	正北
三碧	二黑	一白	九紫	八白	七赤	六白	五黃	四綠	東北
七赤	六白	五黃	四綠	三碧	二黑	一白	九紫	八白	正東
八白	七赤	六白	五黃	四綠	三碧	二黑	一白	九紫	東南
四綠	三碧	二黑	一白	九紫	八白	七赤	六白	五黃	正南
六白	五黃	四綠	三碧	二黑	一白	九紫	八白	七赤	西南
二黑	一白	九紫	八白	七赤	六白	五黃	四綠	三碧	正西
一白	九紫	八白	七赤	六白	五黃	四綠	三碧	二黑	西北

　　現在有紫白飛星的軟體或 APP，不需要手動計算，只要打開 APP 就可以顯示當天的飛星排盤。

辛丑年

5	1	3
4	6	8
9	2	7

乙未月

8	4	6
7	9	2
3	5	1

乙酉日

7	(2)	9
8	6	4
3	1	(5)

庚辰時

6	1	8
7	5	3
2	9	4

　　由於二黑和五黃是凶星，特別對於人事方面，所以在擇日之後，多注意一下紫白飛星當月當日的排盤，只要遇到「2、5」兩個數字，該方位當天不要安爐安灶、

敲定放置某個物件。

以上面飛星排盤而論，乙酉日的二黑在南方，五黃在西北方，這兩個位置不要安排安置物件，如果撞期就改日。

當月也不要，特別是屋宅內部或外面的大動土的影響面，就看當月二黑和五黃是否剛好應驗；如果是小動土就看當日的二黑和五黃，最好避開為宜。

建除十二神擇日

如果擇日再參照建除十二神，這樣擇日就能夠更加完美，找到真正的好日子。

建除十二神最遠可以追溯到商朝，或謂更早到黃帝登基甲子年月日時，總之這是使用很早很久的傳統曆法的陰陽合曆。

每一個節氣月都會去對照一個地支，稱為「月建」，也就是說該月是由這一個地支輪值，例如農曆正月到節

氣驚蟄，正月是寅月，稱為建寅。隔月是農曆二月卯月建卯，在卯月第一個卯日就是建日；直到清明之前都是卯月，節氣清明是農曆三月辰月建辰，辰月第一個辰日是建日，以此類推。建日就是當月的月建和地支相同，這一天可以得到月建的吉氣，成功機會比較大，所以列為第一個建日。如寅月的寅日、卯月的卯日、辰月的辰日、巳月的巳日、午月的午日…等等，都是該月份的「建日」，也就是最旺的日子。

《協紀辯方書》解釋說：建乃一月之主，所以從建起義。建之後為除，「除舊佈新」，由一而二，二而生三，三為數之極，所以叫滿。滿則必溢，溢則平，故滿後為平，平則定，定則可執，所以相繼為定為執。執是守成之意，而事物無成則不毀，所以繼之以破。打破以後，你心裏就知道危險了，心知危險而小心謹慎，肯定能夠成就大事，事既辦成，必有收穫。所以破以後為危、為成、為收。由建至收，剛好為十。十為極數，但數無

終極之理，所以要「開」之。這「開」是一種勃發的生氣，氣太剛猛，不但無助於事物之滋長，反倒要壞事，所以要加以約束，「受之以閉」、「唯其能閉，故復能建」，周而後始。

形成了：**建、除、滿、平、定、執、破、危、成、收、開、閉**，十二神，十二日。

要注意的是交結的日子，就是月和節氣同時的日子，例如驚蟄當日是卯月第一天，前一天是寅月最後一天「收日」，到了隔天交結卯月節氣驚蟄，又重複了「收日」；但是這是簡單的書寫，有些農民曆會註明驚蟄是從當天下午四點五十四分開始，這造成了一個情況：

前一天是寅月「收日」，到了晚上接到卯月第一天應該變成「開日」，但是到了下午四點五十四分節氣驚蟄開始就重複為「收日」，也就是說，節氣驚蟄又遇到月份交結，當天剛開始是開日，後來是收日，形成一天有兩個日(開日和收日)，這是月份節氣大轉變的必然，

所以在擇日方面就不取，因為當天的氣運流動不穩定。

再舉例說明。

隔月，清明當日是辰月第一天，前一天是卯月最後一天「滿日」，到了隔天交結辰月節氣清明，又重複了「滿日」；但是這是簡單的書寫，有些農民曆會註明清明是從當天晚上十一點三十五分開始，這造成了一個情況：

前一天是卯月「滿日」，到了晚上接到辰月第一天應該變成「平日」，但是到了晚上十一點三十五分節氣清明開始就重複為「滿日」，也就是說，節氣清明又遇到月份交結，當天剛開始是平日，後來是滿日，形成一天有兩個日（平日和滿日）。

翻開任何一本農民曆，一定有註明當天是哪一日，您就可以知道該日可以做哪些事情。

通常擇日使用，以前三個最重要，就是建日、除日、

滿日，不僅能量最強也是最常用的日子。

【建日】

　　只要是新的東西要建立，安神位安床都可以選這一天。建日為與該月的月建地支相同之日，代表君主或登基的意思，主健壯、旺相，萬物生育、強健、健壯的日子。

　　建日氣勢初啟，利於祈禱、求神、置產、招募人力、開辦事業、出行辦事。利於公務、利上官赴任、臨政親民、亦宜招賢，即是招請工作職員。

　　忌：上樑、嫁娶、安葬。

【除日】

　　以除煞為通念，例如用洗米水清洗除煞，或是去除不好的東西，都可以選擇這一天。除日為除舊佈新之義，掃除之意，掃除惡煞、去舊迎新的日子。

　　吉日，為掃除惡照之日，宜沐浴、求醫、療病、擺

放化煞風水用品、入宅、動土、開光、交易，開除員工、治理惡人吉利。但追捕盜賊或搜尋失物則不利。

忌：嫁娶、探病。

【滿日】

添加或增加財運，貼春聯獲取吉運，添購糧食，安置魚缸，或是在滿日存錢入您的銀行帳戶，連續三個月以上，帳戶金錢流動性增加的機率會提高。滿日為豐收圓滿之義，意豐足充盈，豐收、美滿的日子。

算是吉日，宜開市、嫁娶、祈福、安床、立約、交易、求財、開倉庫、出貨財、補垣塞穴。

忌：造葬、赴任、求醫。

【平日】

想要把東西弄平，或是修補，都可以選平日。平日為平常平穩之義，意普通的日子。

平常日，宜修飾垣牆，也宜拜神、祝禱、款待客人。

忌：出行。

【定日】

安神位安床可以選定日。定日為月令三合的日子，具有吉祥的意義。

吉日，宜祭祀、祈福、嫁娶、造屋、求嗣、納財、栽種、搬遷、動土、開井、購置不動產、入戶。

忌：訴訟、出行、交涉。

【執日】

想要固定東西，可以選執日。執日為固執之義，固執、執著；品格操守，重視權威。有守成的意思。

宜補造，捕賊擒兇，納采、嫁娶、動土、入殮。。

忌：入宅、開市。

【破日】

最好在破日能夠避開好事等行為。凶日，宜求醫、

療病、破屋壞垣，忌動土。

破日為剛旺破敗之義，凶日，破敗，忌辦吉事。

【危日】

危日為危險之義，危機、危險，諸事不宜的日子。

宜：入殮、破土、火化、進塔、安葬。

忌：登山涉險，諸吉不利。

【成日】

成日為成就之義，也為月支三合的日子，主成就、成功、完成，萬物成就的大吉日子，凡事皆順。

吉日，宜開市、宴會、結婚、赴任、求醫、療病。修造、動土、安床、破土、安葬、搬遷、交易、求財、出行、立契、豎柱、栽種、牧養。

忌：訴訟。

【收日】

收日為收成之義，收成、收穫之意，辦事的好日子。

平常日，宜納財、捕捉納畜。

忌：破土、安葬。

【開日】

開日為開放之義，意開始、開展的日子，適合各種各樣事情，辦之可成。

吉日，宜祭祀、祈福、嫁娶、求嗣、赴任、動土、開市、栽動、安葬。

忌：訴訟、安葬。

【閉日】

閉日為堅固之義，關閉、緊閉之意，是日事務宜閉不宜開，宜收不宜放。

平常日，宜築隄防，補垣塞穴、安門、伐木、修造、動土。

忌：出行、嫁娶。

附錄：本書使用口訣方法圖解速查表

一、天干五合

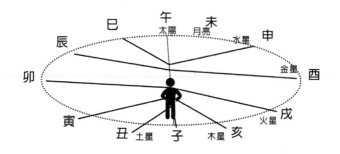

寅亥合化木，寅宮和亥宮屬於這個木星軌道的範圍。

卯戌合化火，卯宮和戌宮是屬於火星運行的兩端。

辰酉合化金，辰宮和酉宮是屬於金星的範圍。

巳申合化水，巳宮和申宮是水星的軌跡。

午宮是太陽所在的宮位，未宮是太陰所在的宮位。

二、羅經三盤

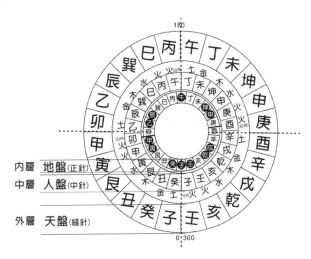

內層 **地盤**(正針)
中層 **人盤**(中針)
外層 **天盤**(縫針)

三盤的各坐山五行屬性

坐山	地盤正針	人盤中針	天盤縫針
子、午	水、火	火、火	土、火
癸、丁	水、火	土、土	土、水
丑、未	土、土	金、金	土、水
艮、坤	土、土	木、木	木、水
寅、申	木、金	水、水	木、水
甲、庚	木、金	火、火	火、金
卯、酉	木、金	火、火	火、金
乙、辛	木、金	土、土	金、火
辰、戌	土、土	金、金	金、火
巽、乾	木、金	木、木	水、木
巳、亥	火、水	水、水	水、木
丙、壬	火、水	火、火	火、土

三、各口訣集錄

天乙貴人口訣：甲戊並牛羊，乙己鼠猴鄉，丙丁豬雞位，壬癸兔蛇藏，庚辛逢虎馬，此是貴人方。

祿神歌訣：甲祿在寅，乙祿在卯，丙祿在巳，丁祿在午，庚祿在申，辛祿在酉，壬祿在亥，癸祿在子。

「五鼠遁」（五鼠遁元之簡稱）。

甲己還加甲，乙庚丙作初。

丙辛從戊起，丁壬庚子居。

戊癸起壬子，週而復始求。

出生時間 出生日干	23~1 子時	1~3 丑時	3~5 寅時	5~7 卯時	7~9 辰時	9~11 巳時	11~13 午時	13~15 未時	15~17 申時	17~19 酉時	19~21 戌時	21~23 亥時
甲己	甲子	乙丑	丙寅	丁卯	戊辰	己巳	庚午	辛未	壬申	癸酉	甲戌	乙亥
乙庚	丙子	丁丑	戊寅	己卯	庚辰	辛巳	壬午	癸未	甲申	乙酉	丙戌	丁亥
丙辛	戊子	己丑	庚寅	辛卯	壬辰	癸巳	甲午	乙未	丙申	丁酉	戊戌	己亥
丁壬	庚子	辛丑	壬寅	癸卯	甲辰	乙巳	丙午	丁未	戊申	己酉	庚戌	辛亥
戊癸	壬子	癸丑	甲寅	乙卯	丙辰	丁巳	戊午	己未	庚申	辛酉	壬戌	癸亥

空亡列表

六甲干支										空亡
甲子旬	甲子	乙丑	丙寅	丁卯	戊辰	己巳	庚午	辛未	壬申	癸酉	戌、亥
甲戌旬	甲戌	乙亥	丙子	丁丑	戊寅	己卯	庚辰	辛巳	壬午	癸未	申、酉
甲申旬	甲申	乙酉	丙戌	丁亥	戊子	己丑	庚寅	辛卯	壬辰	癸巳	午、未
甲午旬	甲午	乙未	丙申	丁酉	戊戌	己亥	庚子	辛丑	壬寅	癸卯	辰、巳
甲辰旬	甲辰	乙巳	丙午	丁未	戊申	己酉	庚戌	辛亥	壬子	癸丑	寅、卯
甲寅旬	甲寅	乙卯	丙辰	丁巳	戊午	己未	庚申	辛酉	壬戌	癸亥	子、丑

口訣：祿前一位刃，對沖箭。

甲祿在寅，祿前為卯（羊刃），對沖為酉（箭刃）；

乙祿在卯，祿前為辰（羊刃），對沖為戌（箭刃）；

丙祿在巳，祿前為午（羊刃），對沖為子（箭刃）；

丁祿在午，祿前為未（羊刃），對沖為丑（箭刃）；

戊祿在巳，祿前為午（羊刃），對沖為子（箭刃）；

己祿在午，祿前為未（羊刃），對沖為丑（箭刃）；

庚祿在申，祿前為酉（羊刃），對沖為卯（箭刃）；

辛祿在酉，祿前為戌（羊刃），對沖為辰（箭刃）；

壬祿在亥，祿前為子（羊刃），對沖為午（箭刃）；

癸祿在子，祿前為丑（羊刃），對沖為未（箭刃）。

四、暗倉水法

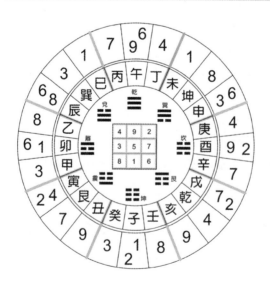

五、五行生剋

1. 生我者為生砂，生氣，平安，丁財兩旺，利於科考功名，可產生下一代，稱為食神吉，生砂吉。

2. 同我者為旺砂，旺丁，平安，催官，可能有官貴，稱為旺砂吉。

3. 我生者為洩砂，破財，飄蕩破耗，人丁凋零，但是發女丁，因為旺到外面女婿家，可能有虛名，稱為洩砂凶。

4. 我剋者為奴砂，有財帛財氣，催財，可能有官爵俸祿，可能勞碌生財，稱為奴砂半吉凶。

5. 剋我者為剋砂，有煞氣，血光之災，可能招禍財敗，可能生重病，可能喪丁絕後，稱為煞砂凶。

六、輔星水法

區分	向	九星＼ ＼納甲	8 (輔星)	6 (武曲)	7 破軍	5 廉貞	1 (貪狼)	2 (巨門)	3 祿存	4 文曲
(淨陽)	(乾)	甲	(乾)	(離)	艮	巽	(坎)	(坤)	震	兌
	(坤)	乙	(坤)	(坎)	兌	震	(離)	(乾)	巽	艮
	(坎)	癸、申、子、辰	(坎)	(坤)	震	兌	(乾)	(離)	艮	巽
	(離)	壬、寅、午、戌	(離)	(乾)	巽	艮	(坤)	(坎)	兌	震
淨陰	震	庚、亥、卯、未	震	兌	(坎)	(坤)	艮	巽	(乾)	(離)
	巽	辛	巽	艮	(離)	(乾)	兌	震	(坤)	(坎)
	艮	丙	艮	巽	(乾)	(離)	震	兌	(坎)	(坤)
	兌	丁、巳、酉、丑	兌	震	(坤)	(坎)	巽	艮	(離)	(乾)

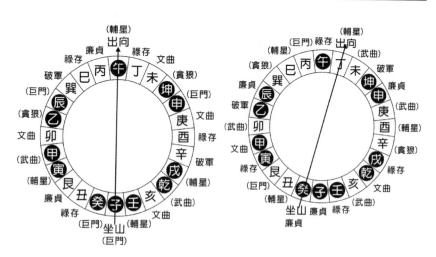

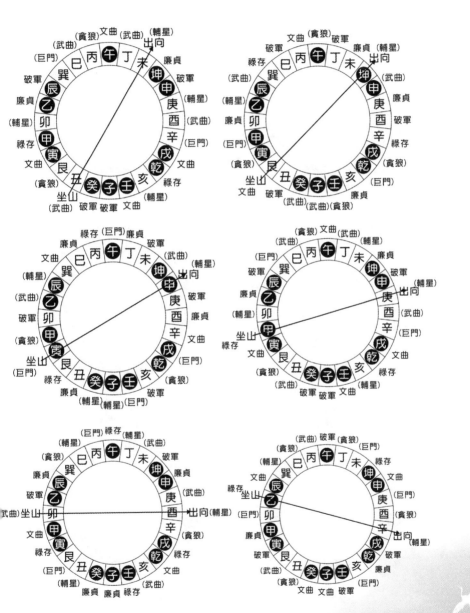

241

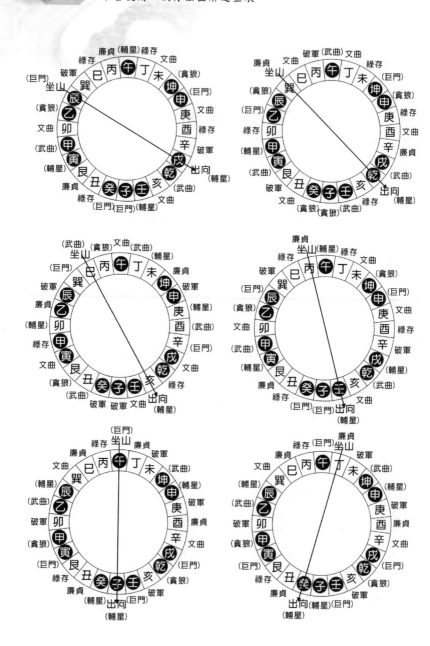

242

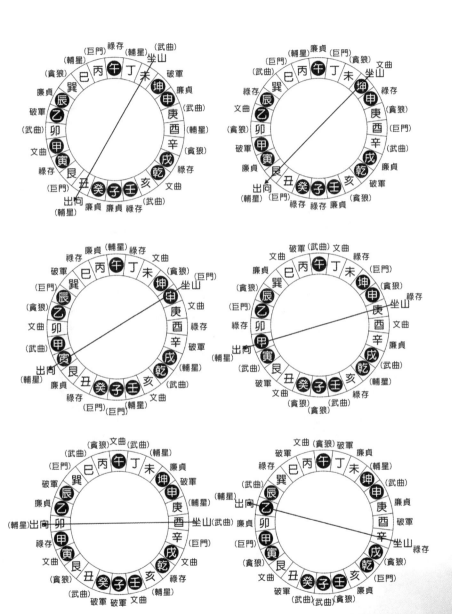

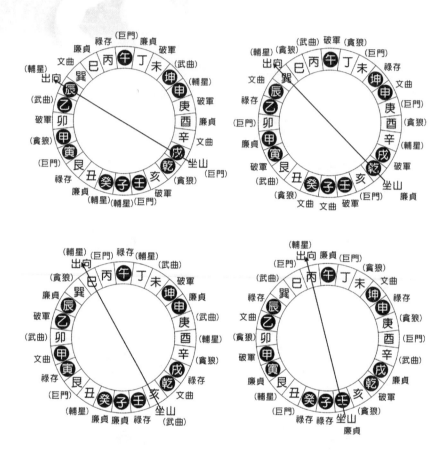

七、龍樓24天星

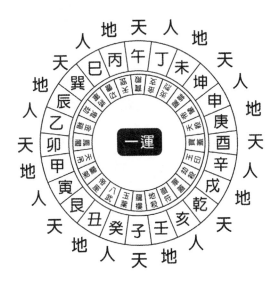

　　一運天罡在丙、寶殿在午、金枝在丁、炎烈在未、龍墀在坤、帝輦在申，天殺在庚，寶蓋在酉，玉印在辛，劫殺在戌，華蓋在乾，值符在亥，地殺在壬、龍樓在子、玉葉在癸、八武在丑、帝座在艮、鸞駕在寅、天吊在甲、鳳閣在卯、金箱在乙、鬼劫在辰、將軍在巽、功曹在巳。

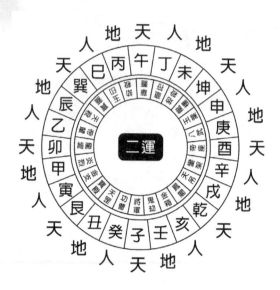

　　二運天罡在丑、寶殿在艮、金枝在寅、炎烈在甲、龍墀在卯、帝輦在乙，天殺在辰，寶蓋在巽，玉印在巳，劫殺在丙，華蓋在午，值符在丁，地殺在未、龍樓在坤、玉葉在申、八武在庚、帝座在酉、鸞駕在辛、天吊在戌、鳳閣在乾、金箱在亥、鬼劫在壬、將軍在子、功曹在癸。

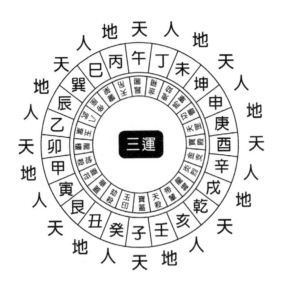

　　三運天罡在庚、寶殿在酉、金枝在辛、炎烈在戌、
龍墀在乾、帝輦在亥,天殺在壬,寶蓋在子,玉印在癸,
劫殺在丑,華蓋在艮,值符在寅,地殺在甲、龍樓在卯、
玉葉在乙、八武在辰、帝座在巽、鸞駕在巳、天吊在丙、
鳳閣在午、金箱在丁、鬼劫在未、將軍在坤、功曹在申。

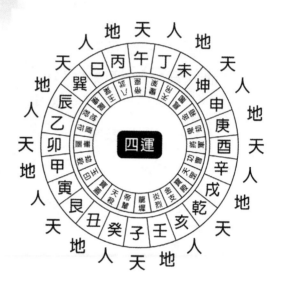

　　四運天罡在戌、寶殿在乾、金枝在亥、炎烈在壬、龍墀在子、帝輦在癸，天殺在丑，寶蓋在艮，玉印在寅，劫殺在甲，華蓋在卯，值符在乙，地殺在辰、龍樓在巽、玉葉在巳、八武在丙、帝座在午、鸞駕在丁、天吊在未、鳳閣在坤、金箱在申、鬼劫在庚、將軍在酉、功曹在辛。

　　六運天罡在辰、寶殿在巽、金枝在巳、炎烈在丙、龍墀在午、帝輦在丁，天殺在未，寶蓋在坤，玉印在申，劫殺在庚，華蓋在酉，值符在辛，地殺在戌、龍樓在乾、玉葉在亥、八武在壬、帝座在子、鸞駕在癸、天吊在丑、鳳閣在艮、金箱在寅、鬼劫在甲、將軍在卯、功曹在乙。

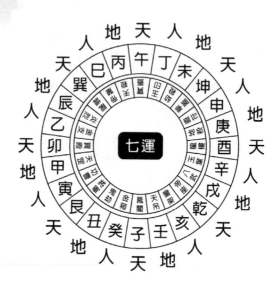

　　七運天罡在甲、寶殿在卯、金枝在乙、炎烈在辰、
龍墀在巽、帝輦在巳，天殺在丙，寶蓋在午，玉印在丁，
劫殺在未，華蓋在坤，值符在申，地殺在庚、龍樓在酉、
玉葉在辛、八武在戌、帝座在乾、鸞駕在亥、天吊在壬、
鳳閣在子、金箱在癸、鬼劫在丑、將軍在艮、功曹在寅。

　　八運天罡在未、寶殿在坤、金枝在申、炎烈在庚、龍墀在酉、帝輦在辛，天殺在戌，寶蓋在乾，玉印在亥，劫殺在壬，華蓋在子，值符在癸，地殺在丑、龍樓在艮、玉葉在寅、八武在甲、帝座在卯、鸞駕在乙、天吊在辰、鳳閣在巽、金箱在巳、鬼劫在丙、將軍在午、功曹在丁。

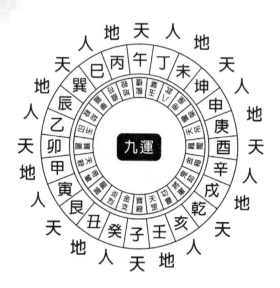

　　九運天罡在壬、寶殿在子、金枝在癸、炎烈在丑、龍墀在艮、帝輦在寅，天殺在甲，寶蓋在卯，玉印在乙，劫殺在辰，華蓋在巽，值符在巳，地殺在丙、龍樓在午、玉葉在丁、八武在未、帝座在坤、鸞駕在申、天吊在庚、鳳閣在酉、金箱在辛、鬼劫在戌、將軍在乾、功曹在亥。

八、九星

一白水星貪狼、二黑土星巨門、三碧木星祿存、四綠木星文曲、五黃土星廉貞、六白金星武曲、七赤金星破軍、八白土星左輔、九紫火星右弼。

九紫	八白	七赤	六白	五黃	四綠	三碧	二黑	一白	值星
五黃	四綠	三碧	二黑	一白	九紫	八白	七赤	六白	正北
三碧	二黑	一白	九紫	八白	七赤	六白	五黃	四綠	東北
七赤	六白	五黃	四綠	三碧	二黑	一白	九紫	八白	正東
八白	七赤	六白	五黃	四綠	三碧	二黑	一白	九紫	東南
四綠	三碧	二黑	一白	九紫	八白	七赤	六白	五黃	正南
六白	五黃	四綠	三碧	二黑	一白	九紫	八白	七赤	西南
二黑	一白	九紫	八白	七赤	六白	五黃	四綠	三碧	正西
一白	九紫	八白	七赤	六白	五黃	四綠	三碧	二黑	西北

9	5	7
8	**1**	3
4	6	2

1	6	8
9	**2**	4
5	7	3

2	7	9
1	**3**	5
6	8	4

3	8	1
2	**4**	6
7	9	5

4	9	2
3	**5**	7
8	1	6

5	1	3
4	**6**	8
9	2	7

6	2	4
5	**7**	9
1	3	8

7	3	5
6	**8**	1
2	4	9

8	4	6
7	**9**	2
3	5	1

國家圖書館出版品預行編目資料

風水絕招這樣學：風水顧問長期實驗的強準
秘法／李久嘉、原來著.
　　－－第一版－－臺北市：知青頻道出版；
紅螞蟻圖書發行，2022.08
　　面　　公分－－(Easy Quick；186)
　　ISBN 978-986-488-228-1（平裝）

　1.CST：相宅

294.1　　　　　　　　　　　　　111010167

Easy Quick 186

風水絕招這樣學：風水顧問長期實驗的強準秘法

作　　者／李久嘉、原來
發 行 人／賴秀珍
總 編 輯／何南輝
校　　對／李久嘉、原來、周英嬌
美術構成／沙海潛行
封面設計／引子設計
出　　版／知青頻道出版有限公司
發　　行／紅螞蟻圖書有限公司
地　　址／台北市內湖區舊宗路二段121巷19號(紅螞蟻資訊大樓)
網　　站／www.e-redant.com
郵撥帳號／1604621-1　紅螞蟻圖書有限公司
電　　話／(02)2795-3656（代表號）
傳　　真／(02)2795-4100
登 記 證／局版北市業字第796號
法律顧問／許晏賓律師
印 刷 廠／卡樂彩色製版印刷有限公司
出版日期／2022年8月　第一版第一刷

定價 280 元　　港幣 94 元

敬請尊重智慧財產權，未經本社同意，請勿翻印，轉載或部分節錄。
如有破損或裝訂錯誤，請寄回本社更換。

ISBN　978-986-488-228-1　　　　　　Printed in Taiwan